Claudia Hendl

Wer lacht, hat
mehr vom Leben

Claudia Hendl

Wer lacht, hat mehr vom Leben

Den Alltag mit Humor meistern

Wege zu einer positiven
Lebenseinstellung

Mit zahlreichen Tests und Übungen

MidenA

Die Deutsche Bibliothek - CIP-Einheitsaufnahme

Hendl, Claudia:
Wer lacht, hat mehr vom Leben : den Alltag mit Humor meistern : Wege zu einer positiven Lebenseinstellung : mit zahlreichen Tests und Übungen / Claudia Hendl. – Augsburg : Midena, 1998

ISBN 3-310-00514-3

MIDENA VERLAG AUGSBURG 1998
© Weltbild Verlag GmbH, Augsburg

Lektorat: Carina Janßen
Redaktion und Satz: Büro Norbert Pautner, München
Umschlaggestaltung: S/L-Kommunikation
Umschlagfoto: Gruner + Jahr, Hamburg
Illustrationen: Norbert Pautner
Herstellung: Nils Schleusner
Gesetzt aus der Formata BQ
Druck und Bindung: Offizin Andersen Nexö, Leipzig –
ein Betrieb der INTERDRUCK Graphischer Großbetrieb GmbH

ISBN 3-310-00514-3

Printed in Germany

Inhalt

Einleitung

Wenn Sie sich morgens völlig zerschlagen aus dem Bett quälen, zeigt Ihnen ein Blick auf den Wecker, daß Sie noch genau fünf Minuten Zeit haben, um sich bürofertig zu machen. Beim Aufstehen fallen Sie über ein Spielzeugauto und brechen sich fast das Genick, das Wasser scheint abgestellt zu sein, denn aus dem Wasserhahn kommen nur vereinzelte Tropfen einer gelblich-braunen Brühe. Die Kaffeemaschine hat einen Kurzschluß, und am Toast verbrennen Sie sich die Lippen. Natürlich regnet es in Strömen, und Ihr Auto ist schon seit einer Woche in Reparatur.

Na, wie fühlen Sie sich? Macht sich Ihr Magengeschwür wieder bemerkbar, oder muß der eilige Passant, der Sie versehentlich anrempelt, daran glauben?

Kennen Sie nicht auch solche Tage, an denen einfach alles schiefzugehen scheint? Wie gehen Sie damit um? Lassen Sie sich den ganzen Tag verderben, oder nehmen Sie es mit Humor, weil Sie eine derartige Häufung von Mißgeschicken eigentlich schon wieder komisch finden?

Unser Alltag ist voller Gelegenheiten, in denen wir am liebsten vor Scham im Erdboden versinken oder vor Wut aus der Haut fahren möchten. Oft bestimmt die Art unseres Umgangs mit solchen Situationen unsere ganze Lebenseinstellung.

Ihre Einstellung prägt Ihr Alltagsleben.

Denken Sie einmal nach: Wenn Sie das Gefühl haben, Ihnen ist der ganze Tag verdorben, ist er das dann nicht schon allein dadurch? Mit unserer Einstellung dem Geschehen gegenüber können wir auch dessen Verlauf beeinflussen. Wir haben das Gefühl, daß nur uns ununterbrochen grauenvolle Dinge zustoßen, und fühlen uns schlecht und minderwertig. Dadurch, daß wir Alltagsprobleme zu negativ bewerten, setzen wir uns unter Streß und verringern unser Selbstwertgefühl.

Deshalb ist es so wichtig, daß wir darüber nachdenken, wie wir solche Situationen meistern können, ohne eine negative Grundstimmung mit Auswirkungen, wie z.B. Magengeschwüre oder andere psychosomatische Krankheiten, zu produzieren.

Humor kann uns dabei eine große Hilfe sein. Anstatt mit völlig verknotetem Magen mürrisch im Büro zu sitzen, sollten Sie lieber von Ihrem morgendlichen Chaos berichten und auch selbst darüber lachen. Fast augenblicklich werden Sie sich besser fühlen, und Sie können den Tag ganz anders angehen.

Mit Humor können Sie Abstand von Ihren Alltagsproblemen gewinnen.

Humor verschafft uns die nötige Distanz zu unseren Problemen. Wenn wir unter Streß stehen, verlieren wir schnell eine ausgewogene Perspektive. Wir sind aufgeregt, genervt und fühlen uns bedroht. Wenn der Druck zu groß wird, schalten wir das Großhirn aus und reagieren wie Amphibien mit dem Zwischenhirn: Wir werden blind für das, was wirklich um uns herum geschieht. Durch Humor bekommen wir Distanz zur eigenen Verbohrtheit, und Auswege aus der scheinbar ausweglosen Situation werden wieder sichtbar. Wer lacht, schaltet das Großhirn ein, stellt die ausgewogene Perspektive wieder her und ist damit in der Lage zu relativieren. Wenn Sie Ihren katastrophalen Tagesbeginn mit Humor nehmen, kommen Sie erst gar nicht auf den Gedanken, daß sich an diesem Tag alles gegen Sie verschworen hat.

> Humor nimmt den Dingen ihre Schärfe und stellt die Relation zur Wirklichkeit wieder her.

Einer der wichtigsten Aspekte des Humors ist, daß er uns befähigt, das Absurde einer Situation zu erkennen und sich davon nicht negativ beeinflussen zu lassen, sondern darüber zu lachen. Ist es nicht komisch, daß an einem einzigen Morgen gehäuft so eine Menge schrecklicher Dinge passiert?

Die Voraussetzung für das Erkennen absurder Situationen ist vor allem die Fähigkeit, sich selbst sozusagen von außen zu betrachten. Von allen Lebewesen auf dieser Erde ist der Mensch als einziges in der Lage, über sich selbst nachzudenken. Diese Fähigkeit gibt ihm die Freiheit, neben den instinktiven Reaktionen auch andere zu wählen – eine Grundvoraussetzung für Humor.

Humorvolles Relativieren setzt Einsicht, Toleranz und Reife voraus. Humor ist kein genetisch bedingtes Talent – wir kommen nicht als humorvoller oder humorloser Mensch auf die Welt. Humor kann man lernen wie Autofahren oder Schreibmaschineschreiben. Leider wird Humor nicht an den Schulen unterrichtet, im Gegenteil: Meist wird Humor dort bereits im Keim erstickt.

Humor ist erlernbar!

Die Fähigkeit, die Dinge mit Humor zu nehmen, entsteht erst im Laufe der menschlichen Entwicklung. Ein Säugling hat noch kaum Humor, da er sich hauptsächlich auf seine Instinkte verläßt und wenig in der Lage ist zu reflektieren.

Ansonsten hat das Alter eines Menschen jedoch wenig mit der für den Humor erforderlichen Reife zu tun. Oft beweist ein Vierjähriger erstaunlich viel Humor und Weisheit, während ein Vierzigjähriger völlig verbohrt und humorlos auf »seinen« Rechten besteht, die niemandem sonst einsichtig sind. Mit zunehmender Reife ist es uns möglich, zu relativieren und nicht jede eigene Erkenntnis für die absolute Wahrheit zu halten. Auch können wir uns darin schulen, an so gut wie jedem Aspekt unseres Lebens auch die absurde und komische Seite zu entdecken – eben auch an kaputten Kaffeemaschinen und Spielzeugauto-Stolperfallen.

Die wenigsten Menschen haben Probleme damit, *andere* Menschen absurd und komisch zu finden – was haben wir erst neulich über unseren Nachbarn gelacht, als er mit dem Gartenschlauch kämpfte!

Das ist nicht verwunderlich, denn es ist wesentlich einfacher, die Komik eines Sachverhalts zu erfassen, wenn man als Zuschauer nicht selbst beteiligt ist. Geht es aber um einen selbst, findet man den gleichen Sachverhalt oft gar nicht mehr komisch – daß uns das Wasser in die neuen, sündhaft teuren italienischen Schuhe läuft, ist aber auch wirklich nicht lustig!

Können Sie das Absurde in Ihrem Leben erkennen?

Wenn es uns gelingt, das Absurde an uns selbst und an den Situationen, in die wir uns hineinmanövriert haben, zu erkennen und darüber zu lachen, befreien wir uns damit aus unserem engen Korsett von Ernsthaftigkeit und Verantwortung. Im Rückblick fällt uns das übrigens oft leichter. Haben Sie nicht selbst erst kürzlich über eine Situation gelacht, die Ihnen letztes Jahr im Urlaub passiert ist, obwohl Ihnen damals überhaupt nicht nach Lachen zumute war? Sehen Sie, es ist gar nicht so schwer: Auch Sie haben das Potential, die absurde Seite an Ihrem Leben zu entdecken!

Nehmen Sie sich nicht so ernst!

Wer sich selbst zu ernst nimmt, läuft Gefahr, sich in Selbstvorwürfen und Selbstmitleid zu verzetteln. Humorlose Menschen haben Probleme damit, Dinge und Situationen unabhängig von ihrer eigenen Person zu betrachten. Viele Kleinigkeiten, auch harmlose Scherze von Mitmenschen, summieren sich und ergeben ein negatives Selbstbild. Wenn die Kollegin uns im Spaß auf das Chaos auf unserem Schreibtisch aufmerksam macht, rätseln wir noch stundenlang, ob sie das jetzt ernst gemeint hat oder nicht, *wie* sie das wohl gemeint hat und *warum* sie das gesagt hat. Ein derartiges Verhalten kostet Energie und Zeit und strengt uns unnötig an. Wäre es nicht einfacher, in den Spaß mit einzustimmen und z. B. zu sagen: »Mag ja sein, daß ich ein furchtbarer Chaot bin, aber dafür kann ich immerhin auch nicht gescheit mit der Schreibmaschine schreiben!«?

> Über sich selbst zu lachen befreit und ist damit der Weg zu innerem Frieden!

Ein wichtiger Grund, sich in Humor zu üben, ist, daß Humor sich nicht mit Ärger verträgt. Wer lacht, ärgert sich nicht. Das ist praktisch, weil man damit eine Menge Energie spart, die man sehr gut anderweitig verwenden kann. Wenn Ihnen Ihr eigentlich recht interessant aussehendes Gegenüber im Café in ungeschickter Weise seinen Kaffee über Ihren Rock schüttet, können Sie selbst entscheiden, ob Sie sich darüber maßlos ärgern oder ob Sie darüber lachen. Wenn Sie sich für ersteres entscheiden, sollten Sie allerdings bedenken, daß aus dieser Zufallsbekanntschaft sicher nichts Ernsteres werden wird!

Auch mit dem Gefühl von Hoffnungslosigkeit und Hilflosigkeit verträgt sich Humor nicht. Denn indem wir relativieren, gewinnen wir einen inneren Abstand zu unseren Problemen, und dadurch werden Auswege aus einer scheinbar ausweglosen Situation sichtbar. Und sobald wir einen Ausweg sichten, wachsen die in uns schlummernden Kräfte und vertreiben die Resignation.

Humor vertreibt Ärger und Depressionen.

Im Umgang mit unseren Mitmenschen kommt dem Humor ebenfalls eine wichtige Rolle zu. Wer in der Lage ist, seine eigenen Fehler aus einer humorvollen Distanz zu betrachten, gibt anderen damit die Möglichkeit, sich unvoreingenommen auf ihn einzulassen. Auch kleine Fehltritte ziehen keine weitreichenden Konsequenzen nach sich, wenn der Verursacher auf humorvolle Art und Weise damit umgeht. Wenn Sie in Gesellschaft nach einer Bemerkung tödliches Schweigen ernten, werden Sie mit einem munteren Satz wie z. B.: »Na toll, da bin ich wohl schon wieder mal ins Fettnäpfchen getreten!« am ehesten die Chance haben, die Situation zu entspannen.

Humor erleichtert Ihnen den Umgang mit Ihren Mitmenschen.

Wer sein Versagen sich selbst und anderen eingesteht, schließt in dem Moment damit ab und kann an seinem Verhalten arbeiten, um einen derartigen Fehler in Zukunft zu vermeiden. Humor bedeutet auch ein gewisses Maß an Ehrlichkeit sich selbst und seinen Mitmenschen gegenüber.

Ob wir unser Leben als befriedigend empfinden, hat immer etwas mit unserer Einstellung zu tun. Nehmen wir alles eher schwer, oder können wir auch einmal über uns selbst lachen? Diese Frage spielt eine entscheidende Rolle dabei, ob wir unser Leben als negativ und unbefriedigend oder als positiv und erfüllt ansehen.

Auch glückliche Menschen haben die Erfahrung gemacht, daß sich vieles im Leben nicht kontrollieren läßt, aber sie verzweifeln nicht daran. Sie können mißliche Umstände relativieren und als Möglichkeit begreifen, etwas für die Zukunft daraus zu lernen.

Diese humorvolle Distanz, mit der sich so viele Dinge im alltäglichen Leben leichter bewältigen lassen, möchte ich Ihnen mit meinem Buch vermitteln.

Dazu ist es zunächst einmal wichtig, daß Sie sich selbst und Ihr Verhalten in bezug auf Problemlösungen besser kennenlernen. Neigen Sie dazu, dem Alltag schon von vornherein mit einem gewissen Maß an Gereiztheit zu begegnen? Wie hoch ist Ihre Bereitschaft, sich über Mißgeschicke und Probleme zu ärgern? Um dies herauszufinden, beginne ich dieses Buch mit einem Test, in dem Sie aufgefordert werden, Ihre Einstellung zu Schwierigkeiten im Alltag einzuschätzen. Anschließend ist Ihr Humor auf dem Prüfstand. Sind Sie wirklich fähig, Probleme mit Abstand zu betrachten und auch das Absurde an sich selbst zu erkennen?

Im weiteren Verlauf des Buches möchte ich mit Ihnen gemeinsam an Ihrem Verhalten arbeiten. Dazu biete ich Ihnen ein Übungs- und Trainingsprogramm an, mit dessen Hilfe Sie lernen können, mehr Humor in Ihrem Leben zuzulassen. Ihre engagierte Mitarbeit ist dabei von entscheidender Bedeutung. Nur wenn Sie selbst wirklich an Ihrer Einstellung etwas ändern wollen, können wir gemeinsam erfolgreich sein. Sind Sie bereit dazu, Ihr Leben mit mehr Humor zu betrachten und auch mal über sich selbst zu lachen? Lassen Sie uns sofort damit beginnen!

ERSTER TEIL

Humor im Alltag

Wie meistern Sie Ihr Alltagsleben?

Sind Sie wirklich mit Ihrem Leben zufrieden? Gibt es nicht immer wieder Situationen, bei denen Sie sich im nachhinein denken: »Ach, das hätte ich doch auch anders machen können!« oder: »Warum habe ich da jetzt eigentlich so überreagiert?« Das Alltagsleben zu meistern ist eine unserer schwierigsten Aufgaben. Im Alltag summieren sich lästige und unangenehme Kleinigkeiten zu einem unbefriedigenden Ganzen. Der Busfahrer, der Sie schon in aller Frühe ungeduldig anschnauzt, die lange Schlange im Supermarkt, der Partner, der schon wieder den Hochzeitstag vergessen hat, usw. Es gibt viele Gelegenheiten im Leben, sich zu ärgern. Die Frage ist nur, wie wichtig wir solche Vorfälle nehmen und inwiefern sie unser tägliches Leben bestimmen und negativ beeinflussen.

Lassen Sie sich schnell den Tag verderben?

Wenn wir uns noch den ganzen Morgen über den unfreundlichen Busfahrer ärgern, schaden wir uns nur selbst – den Busfahrer läßt unser Ärger kalt. Deshalb ist es so wichtig, daß wir uns genau bewußtmachen, wie wir in solchen stressigen oder belastenden Alltagsituationen reagieren.

Besonders in der Partnerschaft kann uns der Alltag so zermürben, daß die Beziehung daran scheitert. Grob geschätzt dürften etwa achtzig Prozent aller Scheidungen aus diesem Grund zustande kommen. Denn selten sind es schwerwiegende, grundlegende Differenzen, sondern kleinere Mißverständnisse, Kommunikationsprobleme und ähnliches, die, zusammengenommen, den Auslöser für eine Trennung bilden. Deshalb habe ich die Fragen, die sich ausschließlich auf das Thema Partnerschaft beziehen, in einem gesonderten Test zusammengefaßt.

Besonders wichtig bei der Bearbeitung dieser Tests ist Ihre konzentrierte Mitarbeit. Je ehrlicher Sie zu sich selbst sind, um so genauer werden Sie Ihr Verhalten kennenlernen. Um dem Test gerecht zu werden, hier noch einige Punkte, die Sie beachten sollten:

● Sorgen Sie dafür, daß Sie bei der Bearbeitung der Tests völlige Ruhe haben. Jede Störung kann das Testergebnis beeinflussen.
● Wenn Sie müde und erschöpft sind, sollten Sie die Tests nicht machen. Die beste Voraussetzung für diese Tests ist eine ausgeglichene Grundstimmung.
● Versuchen Sie nicht, bei der Beantwortung der Fragen darüber nachzudenken, was Sie eventuell bedeuten könnten. Beantworten Sie alle Fragen zügig und spontan.
● Antworten Sie bitte ehrlich. Wenn Sie schwindeln, betrügen Sie nur sich selbst.
● Machen Sie zwischen den einzelnen Tests Pausen, um Ihre Konzentrationsfähigkeit wiederherzustellen.

/ Wie hoch ist Ihre Bereitschaft, sich zu ärgern?

Lesen Sie bitte aufmerksam folgende Aussagen. Sie können bei jeder Aussage mit »stimmt«, »stimmt teilweise« oder »stimmt nicht« antworten. Setzen Sie dazu ein Kreuz in das entsprechende Kästchen. Bedenken Sie dabei bitte, daß es keine richtigen und falschen Antworten gibt, nur Ihre persönliche Meinung ist von Bedeutung.

1. Wenn ich Zeitungen lese oder Nachrichten höre, regt mich das auf.

☐ stimmt
☐ stimmt teilweise
☐ stimmt nicht

2. Wenn ich in einer langen Schlange am Postschalter stehe, werde ich wütend.
- ☐ stimmt
- ☐ stimmt teilweise
- ☐ stimmt nicht

3. Morgens kann man mich schnell aus der Ruhe bringen.
- ☐ stimmt
- ☐ stimmt teilweise
- ☐ stimmt nicht

4. Schlechtes Wetter beeinflußt meine Stimmung.
- ☐ stimmt
- ☐ stimmt teilweise
- ☐ stimmt nicht

5. Beim Autofahren bin ich eher aggressiv.
- ☐ stimmt
- ☐ stimmt teilweise
- ☐ stimmt nicht

6. Ich werde schnell ungeduldig, wenn etwas nicht so läuft, wie ich es mir vorstelle.
- ☐ stimmt
- ☐ stimmt teilweise
- ☐ stimmt nicht

7. Langsames Arbeiten kann ich nicht leiden.
- ☐ stimmt
- ☐ stimmt teilweise
- ☐ stimmt nicht

8. **Klatsch und Tratsch hinter meinem Rücken verletzen mich zutiefst.**

☐ stimmt
☐ stimmt teilweise
☐ stimmt nicht

9. **Unfähige Kellner können mich auf die Palme bringen.**

☐ stimmt
☐ stimmt teilweise
☐ stimmt nicht

10. **Wenn ich unter Druck stehe, ist es besser, man spricht mich nicht an.**

☐ stimmt
☐ stimmt teilweise
☐ stimmt nicht

11. **Ich habe mehrere Freunde, zu denen ich den Kontakt abgebrochen habe.**

☐ stimmt
☐ stimmt teilweise
☐ stimmt nicht

12. **Gedränge in Geschäften oder in der S-Bahn macht mich aggressiv.**

☐ stimmt
☐ stimmt teilweise
☐ stimmt nicht

13. **Wenn mich jemand auf der Straße anpöbelt, schreie ich zurück.**

☐ stimmt
☐ stimmt teilweise
☐ stimmt nicht

14. Die Meinung anderer ist mir ausgesprochen wichtig.
☐ stimmt
☐ stimmt teilweise
☐ stimmt nicht

15. Ich fluche zwar nicht gerne, aber meist kann ich nicht anders.
☐ stimmt
☐ stimmt teilweise
☐ stimmt nicht

16. Beleidigungen lasse ich mir nicht gefallen.
☐ stimmt
☐ stimmt teilweise
☐ stimmt nicht

17. Spott kann ich nicht vertragen.
☐ stimmt
☐ stimmt teilweise
☐ stimmt nicht

18. Versagen empfinde ich als schrecklich.
☐ stimmt
☐ stimmt teilweise
☐ stimmt nicht

19. Wenn mir jemand etwas kaputtmacht, bin ich stinksauer.
☐ stimmt
☐ stimmt teilweise
☐ stimmt nicht

20. Kleinkindergeschrei kann mich zum Wahnsinn treiben.
☐ stimmt
☐ stimmt teilweise
☐ stimmt nicht

21. Manchmal bekomme ich einen richtigen Wutanfall.

☐ stimmt
☐ stimmt teilweise
☐ stimmt nicht

22. Wenn ich mich an ein Ärgernis von früher erinnere, kommt mir der ganze Ärger wieder hoch.

☐ stimmt
☐ stimmt teilweise
☐ stimmt nicht

23. Wenn ich in Gesellschaft eines Menschen bin, den ich nicht leiden kann, muß ich mich richtig beherrschen, um nicht unhöflich zu werden.

☐ stimmt
☐ stimmt teilweise
☐ stimmt nicht

24. An manchen Tagen bringt mich fast alles auf die Palme.

☐ stimmt
☐ stimmt teilweise
☐ stimmt nicht

25. Meine Probleme erscheinen mir wichtiger und schwerwiegender als die anderer.

☐ stimmt
☐ stimmt teilweise
☐ stimmt nicht

26. Wenn ich schlecht gelaunt bin, ist es fast unmöglich, mich aufzuheitern.

☐ stimmt
☐ stimmt teilweise
☐ stimmt nicht

27. Ich habe oft das Gefühl, daß mir besonders viele schreckliche Dinge zustoßen.
- ☐ stimmt
- ☐ stimmt teilweise
- ☐ stimmt nicht

28. Manchmal habe ich das Gefühl, daß mir einfach alles über den Kopf wächst.
- ☐ stimmt
- ☐ stimmt teilweise
- ☐ stimmt nicht

29. Wenn es mir nicht gutgeht, kann mir eigentlich niemand helfen.
- ☐ stimmt
- ☐ stimmt teilweise
- ☐ stimmt nicht

30. Meistens werden meine Erwartungen nicht erfüllt.
- ☐ stimmt
- ☐ stimmt teilweise
- ☐ stimmt nicht

Testauswertung

Zur Errechnung Ihrer Punktzahl addieren Sie bitte Ihre Antworten bei »stimmt«, »stimmt teilweise« und »stimmt nicht«. Für jedes »stimmt« erhalten Sie zwei Punkte, für jedes »stimmt teilweise« einen Punkt und für jedes »stimmt nicht« keinen Punkt.

0–20 Punkte: sehr geringe Bereitschaft, sich zu ärgern

Es sieht so aus, als seien Sie nicht aus der Ruhe zu bringen. Wenn dies wirklich so sein sollte und Sie bei der Bearbeitung des Tests nicht gemogelt haben, kann man Ihnen nur gratulieren. Sie können Ihre

Schwierigkeiten mit dem nötigen Abstand betrachten. Dadurch gelingt es Ihnen, Ihre Situation realistisch einzuschätzen, und Sie vermeiden die Gefahr, sich in Ihren Ärger hineinzusteigern.

21 – 40 Punkte: durchschnittliche Bereitschaft, sich zu ärgern

Dieses Ergebnis muß Sie nicht verängstigen oder gar verärgern, die Tendenz zu einer durchschnittlichen Ärgerbereitschaft steckt eigentlich in uns allen. Ob Sie sich ärgern oder nicht, hängt sehr von Ihrer Tagesform ab. Manchmal bringt Sie etwas zur Weißglut, was Ihnen an anderen Tagen nur ein müdes Lächeln abverlangt. Wenn es Ihnen gutgeht und Sie emotional ausgeglichen sind, fällt es Ihnen leichter, die Dinge mit Abstand zu betrachten. Dies sollten Sie als Zeichen dafür nehmen, daß Ihre eigene Ausgeglichenheit unmittelbar damit zusammenhängt, wie Sie den Alltag für sich empfinden.

41 – 60 Punkte: sehr hohe Bereitschaft, sich zu ärgern

Im Grunde sind Sie eine wandelnde Zeitbombe. Es braucht nur eine Kleinigkeit schiefzugehen, und schon sind Sie auf hundertachtzig. Alltägliche Katastrophen sind für Sie der Beweis, daß Ihre allgemeine Unzufriedenheit berechtigt ist.

Wie können Sie auch zufrieden sein, wenn Ihnen doch ständig irgend etwas passiert? Es wäre wichtig, daß Sie sich den Zusammenhang zwischen Ihrer Ärgerbereitschaft und Ihrer inneren Einstellung bewußtmachen. Erst wenn Sie erkennen, was Ihren Ärger nicht nur äußerlich, sondern auch in Ihnen selbst auslöst, können Sie damit beginnen, an Ihrem Verhalten zu arbeiten.

/ Ärgern Sie sich leicht in der Partnerschaft?

Lesen Sie sich bitte die folgenden 30 Aussagen aufmerksam durch. Überlegen Sie genau und kreuzen Sie dann in dem dafür vorgesehenen Kästchen Ihre Antwort an. Bitte denken Sie wieder daran, daß es einzig und allein *Ihre* Gedanken und Gefühle sind, die zählen.

1. Pünktlichkeit ist für mich in der Beziehung oberstes Gebot.
- ☐ stimmt
- ☐ stimmt teilweise
- ☐ stimmt nicht

2. Meine Erwartungen an den Partner sind stets so hoch, daß sie nicht erfüllt werden.
- ☐ stimmt
- ☐ stimmt teilweise
- ☐ stimmt nicht

3. Wenn er/sie schlechte Laune hat, geht es mir auch schlecht.
- ☐ stimmt
- ☐ stimmt teilweise
- ☐ stimmt nicht

4. Nach einem stressigen Tag will ich auch einmal meine Ruhe haben.
- ☐ stimmt
- ☐ stimmt teilweise
- ☐ stimmt nicht

5. Finanzielle Probleme sind oft ein Streitpunkt in unserer Beziehung.
- ☐ stimmt
- ☐ stimmt teilweise
- ☐ stimmt nicht

6. Ich habe das Gefühl, daß ich in die Beziehung viel mehr investiere als mein Partner.
- ☐ stimmt
- ☐ stimmt teilweise
- ☐ stimmt nicht

7. Schlamperei im Haushalt ist bei uns immer Thema.

☐ stimmt
☐ stimmt teilweise
☐ stimmt nicht

8. Mein Partner nimmt nie auf mich Rücksicht.

☐ stimmt
☐ stimmt teilweise
☐ stimmt nicht

9. Ich fühle mich von meinem Partner unverstanden.

☐ stimmt
☐ stimmt teilweise
☐ stimmt nicht

10. Morgens bin ich für den anderen nicht ansprechbar.

☐ stimmt
☐ stimmt teilweise
☐ stimmt nicht

11. Unsere Bedürfnisse sind anscheinend sehr unterschiedlich.

☐ stimmt
☐ stimmt teilweise
☐ stimmt nicht

12. Eigentlich sind alle Männer/Frauen gleich.

☐ stimmt
☐ stimmt teilweise
☐ stimmt nicht

13. Ich bin oft eifersüchtig.

☐ stimmt
☐ stimmt teilweise
☐ stimmt nicht

14. **Es gibt bei meinem Partner viele Punkte, die mich zur Weißglut treiben können.**
☐ stimmt
☐ stimmt teilweise
☐ stimmt nicht

15. **Oft sage ich nicht, was mich stört, weil ich einer Diskussion aus dem Weg gehen will.**
☐ stimmt
☐ stimmt teilweise
☐ stimmt nicht

16. **Manchmal habe ich das Gefühl, daß mein Partner gewisse Sachen mit Absicht macht, um mich zu ärgern.**
☐ stimmt
☐ stimmt teilweise
☐ stimmt nicht

17. **Die Wochenenden sind bei uns meist schrecklich.**
☐ stimmt
☐ stimmt teilweise
☐ stimmt nicht

18. **Ich bin eben empfindlich.**
☐ stimmt
☐ stimmt teilweise
☐ stimmt nicht

19. **Der Geschmack meines Partners stimmt nicht mit meinem überein.**
☐ stimmt
☐ stimmt teilweise
☐ stimmt nicht

20. Ich bin mit meiner Beziehung unzufrieden.
- ☐ stimmt
- ☐ stimmt teilweise
- ☐ stimmt nicht

21. Manchmal denke ich, mein Partner hört mir gar nicht richtig zu.
- ☐ stimmt
- ☐ stimmt teilweise
- ☐ stimmt nicht

22. Wenn wir beide Streß haben, streiten wir uns nur noch.
- ☐ stimmt
- ☐ stimmt teilweise
- ☐ stimmt nicht

23. Untreue könnte ich nie verzeihen.
- ☐ stimmt
- ☐ stimmt teilweise
- ☐ stimmt nicht

24. Das Ausdrücken der Zahnpastatube ist auch bei uns ein Streitthema.
- ☐ stimmt
- ☐ stimmt teilweise
- ☐ stimmt nicht

25. Manchmal wissen wir nach einem Streit gar nicht mehr den Grund dafür.
☐ stimmt
☐ stimmt teilweise
☐ stimmt nicht

26. Manchmal denke ich, ich wäre lieber allein.
☐ stimmt
☐ stimmt teilweise
☐ stimmt nicht

27. In letzter Zeit können wir immer weniger miteinander lachen.
☐ stimmt
☐ stimmt teilweise
☐ stimmt nicht

28. Niemand kann mich so sehr ärgern wie mein Partner.
☐ stimmt
☐ stimmt teilweise
☐ stimmt nicht

29. Manchmal denke ich, wir passen einfach nicht zusammen.
☐ stimmt
☐ stimmt teilweise
☐ stimmt nicht

30. Ich würde gerne mehr auf meinen Partner eingehen, aber er/sie läßt mich nicht.
☐ stimmt
☐ stimmt teilweise
☐ stimmt nicht

Testauswertung

Um Ihre Punktzahl zu errechnen, zählen Sie bitte die Anzahl Ihrer Antworten bei »stimmt«, »stimmt teilweise« und »stimmt nicht« zusammen. Für jedes »stimmt« erhalten Sie zwei Punkte, für jedes »stimmt teilweise« einen Punkt und für jedes »stimmt nicht« keinen Punkt.

0 – 20 Punkte: geringe Ärgerbereitschaft in der Partnerschaft

Ihr(e) Partner(in) hat Glück! Wenn Sie die Fragen wirklich ehrlich beantwortet haben, scheint auf Ihre Beziehung die Theorie nicht zuzutreffen, daß der Alltag die Partnerschaft zermürbt. Sie haben die nötige Portion Ausgeglichenheit, um Schwierigkeiten und kleinen Versäumnissen gleichermaßen gelassen zu begegnen. Dies gibt Ihrem Partner die Sicherheit, Ihnen offen und ehrlich gegenübertreten zu können.

21 – 40 Punkte: durchschnittliche Ärgerbereitschaft in der Partnerschaft

Sie führen wohl das, was man sich im allgemeinen unter einer »normalen« Partnerschaft vorstellt. Es gibt gute und weniger gute Phasen, Höhen und Tiefen. Wichtig wäre es für Sie festzustellen, welchen Anteil Sie mit Ihrer Ärgerbereitschaft und latenten Unzufriedenheit an den »schlechten Phasen« in Ihrem Beziehungsleben haben. Denn »normal« ist nicht gleichbedeutend mit »gut« – und vor allem bedeutet es nicht, daß man nichts ändern muß!

41 – 60 Punkte: sehr hohe Ärgerbereitschaft in der Partnerschaft

Ist Ihnen eigentlich klar, warum Sie so unzufrieden mit Ihrer Beziehung sind? Liegt es wirklich an Ihrem Partner oder nicht vielleicht auch an Ihrer ganz eigenen Problematik, überempfindlich auf jede Kleinigkeit zu reagieren? Unzufriedenheit ist immer etwas sehr Persönliches und hat weniger mit dem Partner zu tun, als man meinen möchte. Wenn Sie diese Beziehung aufrechterhalten wollen, ist es sehr wichtig, daß Sie sich mit dieser Unzufriedenheit und Ihren Hintergründen intensiver auseinandersetzen!

/ Beweisen Sie Humor im Alltag?

Wir wollen jetzt näher betrachten, wie es mit Ihrem Humorverständnis im Alltag aussieht. Ist es Ihnen überhaupt möglich, über Dinge, die Ihnen zustoßen, zu lachen, oder haben Sie eher das Gefühl, daß Lachen in den seltensten Momenten angebracht ist? In dem nun folgenden Test können Sie das überprüfen.

Lesen Sie die folgenden 30 Situationen bitte aufmerksam durch. Überlegen Sie sich genau, wie Sie reagieren würden, und kreuzen Sie dann die Ihnen entsprechende Reaktion an. Noch einmal möchte ich Sie darauf hinweisen, daß Sie, wenn Sie bei dem Test »mogeln«, nur sich selbst betrügen und niemanden sonst!

1. **Sie stehen bei der Post schon seit einer halben Stunde an einem Schalter an. Der Schalter daneben schließt plötzlich. Eine ältere Frau drängelt sich daraufhin mit um Entschuldigung heischendem Gesicht vor Ihnen in die Schlange. Wie reagieren Sie?**
   - ☐ a) Sie werden wütend und weigern sich, die Frau vor sich in die Schlange zu lassen.
   - ☐ b) Sie lassen die Frau vor und beglückwünschen sich lauthals, daß Sie die Möglichkeit haben, so lange die beruhigende Atmosphäre dieser schönen Postfiliale zu genießen.
   - ☐ c) Sie amüsieren sich über die betretene Miene der alten Dame und lassen Sie vor.

2. **Sie kaufen sich an einer Eisdiele ein Eis und lassen sich mehrere Kugeln auf die Waffel häufen. Als Sie drei Schritte gegangen sind, verliert der Eisturm das Gleichgewicht und landet auf dem Bürgersteig. Wie reagieren Sie?**
   - ☐ a) Sie ärgern sich über den Verlust des Eises.
   - ☐ b) Sie gehen sofort zurück und kaufen ein neues Eis.
   - ☐ c) Sie sind so verblüfft, daß Sie erst einmal lachen müssen.

3. Ihr Sohn kommt mit Ihrer Lieblingstasse in zwei Teilen in der Hand zu Ihnen und sagt: »Schau mal, Mama, kaputt-gemacht.« Wie reagieren Sie?

☐ a) Sie schimpfen, denn gerade an der Tasse haben Sie un-heimlich gehangen.

☐ b) Sie beschließen, sich nicht zu ärgern, und nehmen Ihrem Sohn schweigend die Scherben aus der Hand.

☐ c) Sie sind zwar traurig über den Verlust der Tasse, müssen jedoch über die »Arme-Sünder«-Miene Ihres Sohnes lachen.

4. Sie gehen in einem Restaurant auf die Toilette. Leider stel-len Sie zu spät fest, daß kein Toilettenpapier vorhanden ist. Wie reagieren Sie?

☐ a) Es ist Ihnen sehr unangenehm und Sie trauen sich nicht, die Dame, die sich noch im Waschraum befindet, um Hilfe zu bitten.

☐ b) Sie versuchen, irgendwie ohne Toilettenpapier zurecht-zukommen.

☐ c) Sie müssen bei dem Gedanken an Ihre Situation kichern und bitten die Dame im Waschraum in scherzhaftem Ton, zu Ihrer Rettung herbeizueilen.

5. Bei Ihrem zweitem Rendezvous mit einem sehr interessan-ten Menschen kündigen Sie großartig an, ihn/sie zum Essen einzuladen. Als die Rechnung kommt, müssen Sie aber leider feststellen, daß Sie Ihre Geldbörse zu Hause vergessen haben. Wie reagieren Sie?

☐ a) Sie würden am liebsten unter dem Tisch verschwinden, so peinlich ist Ihnen die ganze Angelegenheit.

☐ b) Sie setzen zu einer weitschweifigen Erklärung an.

☐ c) Sie nehmen es mit Humor und erklären, daß Sie so etwas gerne öfter machen, da Zerstreutheit ja so furchtbar intellek-tuell wirke.

6. **Ihr Partner erklärt Ihnen überraschend, daß er/sie die nächsten zwei Tage beruflich unterwegs sein wird, obwohl Sie ein gemeinsames Wochenende geplant hatten. Wie reagieren Sie?**

☐ a) Sie sind total enttäuscht und ziehen sich beleidigt zurück.

☐ b) Sie fangen eine Diskussion darüber an, warum so etwas immer dann passiert, wenn Sie sich verabredet haben.

☐ c) Sie geben Ihrer Enttäuschung zwar Ausdruck, entspannen aber dann die Atmosphäre, indem Sie scherzhaft behaupten, daß Sie die Zeit sowieso brauchen würden, um Ihre sämtlichen Liebhaber zu befriedigen.

7. **Sie sitzen auf einer Bank im Park, als plötzlich ein kleiner Junge mit seinem Dreirad in relativ hoher Geschwindigkeit gegen die Bank fährt und Sie empfindlich am Schienbein trifft. Wie reagieren Sie?**

☐ a) Sie sind verärgert und machen der Mutter Vorhaltungen, daß sie nicht auf ihr Kind aufgepaßt hätte.

☐ b) Sie reiben sich Ihr Schienbein und sagen zu dem Jungen, daß Sie froh sind, daß er noch keinen Motorradführerschein hat.

☐ c) Sie müssen bei dem Anblick des verdutzten Kindergesichtes lachen.

8. **Sie bewerben sich um eine neue Stelle. Auf dem Weg zu Ihrem Vorstellungsgespräch geraten Sie in einen Wolkenbruch, haben aber keinen Schirm dabei. Völlig durchnäßt erscheinen Sie zu Ihrem Termin. Wie reagieren Sie?**

☐ a) Sie sind völlig aus dem Konzept gebracht. Am liebsten würden Sie an dem Gespräch nicht mehr teilnehmen.

☐ b) Sie entschuldigen sich wortreich.

☐ c) Sie lenken durch eine witzige Bemerkung die Aufmerksamkeit der Interviewer gleich auf Ihre unangenehme Situation. Dadurch löst sich Ihre eigene Anspannung, und Sie sind gesprächsbereit.

9. **Sie liegen sich wegen einer Nichtigkeit mit Ihrem Partner heftigst in den Haaren. Plötzlich bricht er/sie in Gelächter aus. Wie reagieren Sie?**

☐ a) Sie erklären wütend, daß Sie das jetzt gar nicht komisch finden können.

☐ b) Sie suchen verwirrt bei sich selbst nach der Ursache für diesen Heiterkeitsausbruch.

☐ c) Sie müssen selbst lachen.

10. **Sie gehen mit Ihrer zweijährigen Tochter, die noch nicht sauber ist, ins Freibad und lassen sie dort ohne Windel laufen. Prompt setzt sie ein Häufchen direkt vor den Eisstand, worüber sich zwei ältere Damen wahnsinnig aufregen. Wie reagieren Sie?**

☐ a) Sie entfernen die Bescherung, nicht ohne den zwei Damen in scharfem Ton Ihre Meinung über deren Kinderfeindlichkeit zu sagen.

☐ b) Sie überlegen sich kurz, ob Sie die Schweinerei den beiden Damen zur Strafe nicht einfach vor deren Nasen liegen lassen sollten.

☐ c) Sie finden die Situation so komisch, daß Sie das Geschwätz der Damen gar nicht berührt, und machen sich schmunzelnd an die Beseitigung des Malheurs.

11. **Ihr Kollege hat anscheinend einen schlechten Tag, denn er beschimpft Sie völlig grundlos. Wie reagieren Sie?**

☐ a) Sie schimpfen zurück, denn so etwas muß man sich doch nicht gefallen lassen.

☐ b) Sie gehen dem Kollegen für den Rest des Tages vorsichtshalber aus dem Weg.

☐ c) Sie versuchen, den Kollegen durch einen Witz über sein grimmiges Gesicht aus seiner schlechten Stimmung herauszureißen.

12. Sie nehmen beim Mountainbike-Fahren eine Böschung zu schnell und landen im Schlamm. Wie reagieren Sie?

☐ a) Sie rappeln sich wütend auf und versuchen sofort, die Böschung nochmal hinunterzufahren.

☐ b) Sie überlegen, welchen Fehler Sie gemacht haben.

☐ c) Sie bleiben lachend im Schlamm sitzen und überlegen sich, wen Sie mit Ihrem Aussehen jetzt erschrecken könnten.

13. Ihre Kollegin im Büro hat Ihren Geburtstag vergessen und gibt Ihrer Bestürzung darüber sogleich wortreich Auskunft. Wie reagieren Sie?

☐ a) Sie müssen die ganze Zeit darüber nachdenken, ob dieses Versäumnis wirklich so unbeabsichtigt geschehen ist, und suchen in den Worten der Kollegin mißtrauisch nach einer negativen Einstellung Ihnen gegenüber.

☐ b) Sie nehmen die Entschuldigung an und wechseln dann das Gesprächsthema.

☐ c) Sie helfen der Kollegin aus der Verlegenheit, indem Sie scherzhaft behaupten, daß Sie Ihren Geburtstag diesmal sowieso geheimhalten wollten, weil Sie erstens viel zu alt geworden seien und sich zweitens den Sekt für die Kollegen nicht mehr leisten könnten.

14. Auf dem Nachhauseweg von einem großen Volksfest wird Ihnen Ihre Handtasche gestohlen. Wie reagieren Sie?

☐ a) Sie sind völlig verzweifelt über den Verlust und können sich lange nicht beruhigen.

☐ b) Sie sind zwar traurig, trösten sich aber damit, daß nichts Schlimmeres passiert ist.

☐ c) Sie finden es absurd und fast schon komisch, daß Ihnen in dem ganzen Volksfestgedrängel nichts gestohlen worden ist, sondern auf dem Weg nach Hause, als Sie sich wieder sicher fühlten.

15. Sie stehen schon seit einer Stunde im Stau, ohne daß sich etwas bewegt. Wie reagieren Sie?

☐ a) Sie bleiben in Ihrem Wagen sitzen und werden immer nervöser und gereizter.

☐ b) Sie versuchen, sich durch Blättern in der Straßenkarte abzulenken.

☐ c) Sie steigen aus und scherzen mit Ihrem Staunachbarn über Ihre gemeinsame unmögliche Lage.

16. Sie hatten einen ganz schlechten Tag. Als Sie nach Hause kommen, haben Sie richtig Weltuntergangsstimmung. Was tun Sie?

☐ a) Sie ziehen sich in Ihrer Depression völlig zurück und legen sich ins Bett.

☐ b) Sie versuchen, sich irgendwie aufzuheitern.

☐ c) Sie beschließen, sich selbst nicht so ernst zu nehmen und versuchen, den Grund für Ihre Mißstimmung zu finden und sie von der komischen Seite zu betrachten.

17. Sie sind zu Besuch bei einer entfernten Verwandten Ihres Partners. Als Ihr Sohn der Dame die Hand geben soll, weigert er sich und streckt ihr auch noch die Zunge heraus. Wie reagieren Sie?

☐ a) Obwohl die alte Dame gar nicht so irritiert zu sein scheint, ist es Ihnen sehr peinlich.

☐ b) Sie versuchen, mit einer lustigen Bemerkung von dem Geschehen abzulenken.

☐ c) Sie finden die Situation so komisch, daß Sie lachen müssen.

18. Auf einer Party müssen Sie feststellen, daß Sie der/die einzige in der Runde sind, der/die im Moment keinen Beruf ausübt. Wie reagieren Sie?

☐ a) Sie fühlen sich minderwertig und ziehen sich deshalb aus dem Gespräch zurück.

☐ b) Sie hören aufmerksam zu, nehmen aber nicht aktiv an dem Gespräch teil.

☐ c) Sie zählen ironisch die Vorteile Ihrer derzeitigen Untätigkeit auf, ohne sich dabei abzuwerten.

19. Sie laden Ihren Chef zu sich nach Hause zum Essen ein. Zu spät stellen Sie fest, daß Ihnen die Nachspeise total mißlungen ist. Wie reagieren Sie?

☐ a) Sie sind bestürzt und entschuldigen sich wortreich.

☐ b) Sie lenken die Unterhaltung schnell auf ein anderes Thema und entsorgen den Nachtisch unauffällig.

☐ c) Sie machen daraus einen Witz und erklären, daß so Ihre Absicht, Ihren Chef zu vergiften, deutlich zutage getreten sei.

20. Ihr Partner ertappt Sie bei einer Notlüge. Wie reagieren Sie?

☐ a) Sie gehen sofort zum Angriff über und entfesseln einen schlimmen Streit.

☐ b) Sie setzen stammelnd zu einer umständlichen Erklärung an.

☐ c) Sie gehen mit einer witzigen Bemerkung über Ihr Unbehagen hinweg, erklären aber dann in aller Ruhe Ihrem Partner, wie es zu dieser Notlüge kommen konnte.

21. Auf einem Betriebsausflug werden Sie von Ihren Kollegen etwas auf die Schippe genommen. Wie reagieren Sie?

☐ a) Sie sind verärgert. Die Scherze Ihrer Kollegen können Sie nicht komisch finden.

☐ b) Sie machen wohl oder übel gute Miene zum bösen Spiel.

☐ c) Sie machen bei dem Spaß mit und amüsieren sich über Ihre Kollegen, die so eifrig bei der Sache sind.

22. **Nach langem Suchen finden Sie endlich einen Parkplatz in Ihrem Wohnviertel. Anscheinend hatte ein anderer Autofahrer zur selben Zeit die Parklücke entdeckt, Sie waren jedoch schneller. Als Sie eingeparkt haben, steigt der Autofahrer aus und beschimpft Sie unflätig. Wie reagieren Sie?**

☐ a) Sie schimpfen wütend zurück.

☐ b) Sie lassen sich von diesem cholerischen Menschen nicht Ihren wohlverdienten Feierabend verderben und gehen über sein Geschrei hinweg.

☐ c) Sie lachen den Mann aus und lassen ihn dann einfach stehen.

23. **Sie werden in der S-Bahn beim Schwarzfahren erwischt. Wie reagieren Sie?**

☐ a) Es ist Ihnen unsäglich peinlich, und Sie müssen sich sehr über sich selbst ärgern.

☐ b) Sie rechnen im Kopf durch, daß sich Ihr Schwarzfahren bis jetzt trotzdem gelohnt hat.

☐ c) Sie bleiben ganz ruhig und nehmen den Sachverhalt mit Humor – schließlich hat man nicht immer die Gelegenheit, von zwei Männern mit Herrenhandtasche aus der S-Bahn geleitet zu werden.

24. **Sie haben sich mit Ihrem Partner heftig gestritten. Nachdem sich der Rauch verzogen hat, sitzen Sie sich gegenüber und warten darauf, daß der andere etwas sagt. Wie reagieren Sie?**

☐ a) Sie machen von sich aus auf keinen Fall den ersten Schritt.

☐ b) Sie fühlen sich unsicher und wissen nicht, was Sie sagen sollen.

☐ c) Sie blicken Ihren Partner mit einem Lächeln an und versuchen auszuloten, ob er/sie schon wieder für einen Scherz über Ihren Streit zu haben ist.

25. **Sie sind allein in einer Bar und warten auf Ihren Partner. Da werden Sie von einem ziemlich unangenehmen Menschen auf eindeutige Weise angesprochen. Wie reagieren Sie?**

☐ a) Sie setzen sich empört so weit wie möglich von der Person weg.

☐ b) Sie lassen den Menschen mit einer ironischen Bemerkung abblitzen.

☐ c) Sie finden es komisch, daß Sie immer von dem schrecklichsten Menschen im ganzen Lokal angesprochen werden.

26. **Ihrem Kind wird es beim Autofahren schlecht, und es erbricht sich auf die neuen Sitzbezüge. Wie reagieren Sie?**

☐ a) Sie sind sehr ärgerlich darüber, daß dies gerade bei den neuen Bezügen passieren mußte.

☐ b) Sie halten notgedrungen an und beseitigen die Schweinerei.

☐ c) Sie trösten das Kind und lachen mit ihm gemeinsam über die irgendwie eklige Situation.

27. **Sie werden im Skiurlaub in Ihrem Feriendomizil eingeschneit. Wie reagieren Sie?**

☐ a) Sie überlegen sich hektisch, wie Sie dieser Situation entkommen können.

☐ b) Sie versuchen sich mit der Situation zu arrangieren, fühlen sich aber unwohl.

☐ c) Sie machen es sich gemütlich und genießen die zusätzliche Urlaubszeit.

28. **Sie werden von einer Bekannten darauf angesprochen, daß Sie zugenommen haben. Wie reagieren Sie?**

☐ a) Sie sind beleidigt.

☐ b) Sie versuchen, die Bemerkung mit einem Lächeln hinzunehmen.

☐ c) Sie lachen und erklären, daß es Ihnen im Moment einfach zu gut schmeckt.

29. Sie haben auf der Autobahn Ihre Ausfahrt verpaßt. Wie reagieren Sie?

☐ a) Sie ärgern sich maßlos über Ihre Zerstreutheit.

☐ b) Sie suchen in der Karte nach der nächsten Ausfahrt.

☐ c) Sie amüsieren sich darüber, daß Sie so schusselig sind.

30. Sie haben bei Ihrer Arbeit einen Fehler gemacht, den Ihre Kollegin ausbaden mußte. Wie reagieren Sie?

☐ a) Es ist Ihnen ganz furchtbar peinlich und Sie entschuldigen sich mehrfach.

☐ b) Sie versuchen, die ganze Sache zu ignorieren.

☐ c) Sie entschuldigen sich bei Ihrer Kollegin und machen eine humorvolle Bemerkung über Ihr Talent, Chaos zu produzieren.

Testauswertung

Um Ihre Punktsumme zu errechnen, zählen Sie bitte nach, wie oft Sie Antwort a), b) und c) angekreuzt haben. Für jede Antwort c) erhalten Sie zwei Punkte, für jede Antwort b) einen Punkt und für jede Antwort a) keinen Punkt.

0 – 20 Punkte: wenig Humorfähigkeit
Es fällt Ihnen schwer, die Dinge, die Ihnen in Ihrem alltäglichen Leben zustoßen, mit Humor und somit mit Abstand zu betrachten. Sie fühlen sich durch alles, was geschieht, persönlich betroffen und angegriffen. Dies erschwert Ihnen Ihr Leben im allgemeinen und im besonderen im Kontakt mit Ihren Mitmenschen. Versuchen Sie, sich selbst etwas gelöster zu sehen, beziehen Sie nicht alle Dinge auf sich, und Sie werden sehen, wie sich auch Ihre Alltagssituation entspannt!

21 – 40 Punkte: durchschnittliche Humorfähigkeit
Immer wieder gelingt es Ihnen, Ihre Umgebung und sich selbst von außen zu betrachten und das Absurde an bestimmten Situationen zu erkennen. Leider noch nicht oft genug, um wirklich eine einschnei-

dende Veränderung in Ihrer Einstellung zu bewirken. Aber Sie sind auf dem richtigen Weg, bleiben Sie am Ball!

41–60 Punkte: ausgeprägte Humorfähigkeit

Sie können sich gratulieren: Ihre Lebenseinstellung erleichtert Ihnen Ihr Alltagsleben ungemein. Sie sind jeder Situation gewachsen, da Sie sich nicht in einen Strudel von Selbstzweifeln und Selbstanklagen hineinziehen lassen, sondern auf Abstand bleiben. Dies bedeutet aber nicht, daß Sie Ihr mitfühlendes Herz verloren haben, im Gegenteil: Indem Sie Ihre Aufmerksamkeit von sich selbst auf andere lenken, können Sie viel unbefangener und herzlicher auf Ihre Mitmenschen zugehen.

Ich hoffe, Sie haben bei diesem Testprogramm einige Erkenntnisse über sich selbst gewinnen können. Mit diesem Ausgangspotential werden wir nun weiter an Ihrem Verhalten arbeiten.

Zunächst wollen wir aber noch einen Blick darauf werfen, welche Bedeutung dem Phänomen Humor mittlerweile in der Psychotherapie zukommt.

Lachen ist Balsam für die Seele

In der Psychologie war der Humor bis vor kurzem ein vernachlässigtes Thema, auch bei den meisten Therapiemethoden spielte er keine Rolle. Doch allmählich beginnt sich diese Einstellung zu ändern. Der Psychologe Peter Frecknall von der Universität New York konnte in einer empirischen Untersuchung die Bedeutung des Humors im Alltag belegen. Er folgerte aus seiner umfangreichen Befragung: »Humor ist ein heilsames, distanzschaffendes, erleichterndes und tröstendes Phänomen. Humor ist eine Quelle von Kraft, wenn Schwierigkeiten drohen, übermächtig zu werden und wenn man das Gefühl hat, die Kontrolle zu verlieren.« (*Psychologie Heute*, September 1995).

Derartige Erkenntnisse werden inzwischen auch von praktizierenden Psychologen aufgegriffen. Diese erkennen, daß es für die psychische

Humor gewinnt in der Psychologie langsam an Bedeutung.

Gesundheit ihrer Patienten und auch für ihre eigene berufliche Motivation sehr hilfreich sein kann, wenn sie ihre Patienten dazu bringen, ihr jeweiliges Problem mit humorvoller Distanz zu betrachten.

Der österreichische Schauspieler Paul Hörbiger meinte einmal: »Humor ist die Kunst, sich ohne Spiegel selbst ins Gesicht zu lachen.« Dies drückt aus, was die Therapeuten, die Humor als Mittel der Therapie entdeckt haben, anstreben. Es kann heilsam sein, wenn man seinen Sorgen, Problemen und Ängsten einfach einmal »ins Gesicht lacht«.

Ein weiterer wichtiger Punkt ist, daß Humor den Lebenswillen mobilisiert, weil sich Depression und Lachen nicht miteinander vereinbaren lassen. Sigmund Freud erläuterte dies in seinem Werk über den Humor folgendermaßen:

»Der Humor hat nicht nur etwas Befreiendes wie der Witz und die Komik, sondern auch etwas Großartiges und Erhebendes, welche Züge an den beiden anderen Arten des Lustgewinns aus intellektueller Tätigkeit nicht gefunden werden. Das Großartige liegt offenbar im Triumph des Narzißmus, in der siegreich behaupteten Unverletzlichkeit des Ich. Das Ich verweigert es, sich durch die Veranlassungen aus der Realität kränken, zum Leid nötigen zu lassen, es beharrt dabei, daß ihm die Traumen der Außenwelt nicht nahegehen können, ja es zeigt, daß sie ihm nur Anlaß zum Lustgewinn sind. Dieser letzte Zug ist für den Humor durchaus wesentlich.« (zit. n. Raymond A. Moody: Lachen und Heilen, 1979)

/ Was kann Humor bewirken?

Was passiert eigentlich, wenn man lacht? Den Lachvorgang zu beschreiben, gestaltet sich schwieriger, als man denkt. Weil wir so daran gewöhnt sind, das Lachen als automatische, spontane Reaktion zu erfahren, sind wir uns kaum bewußt, was für ein komplexer Vorgang es in physiologischem Sinne ist. Die Wissenschaft hat eine Kunst daraus gemacht, alles, also auch den Vorgang des Lachens, mit einer Reihe komplizierter Fachausdrücke wie z. B. »klonische Spasmen des Zwerchfells« zu belegen, die wollen wir uns hier aber sparen.

Wichtig ist die Tatsache, daß das Lachen vor allem ein Atmungsphänomen ist. Dabei wird die Einatmung vertieft und verlängert, während die Ausatmung verkürzt, aber dennoch derart intensiviert wird, daß es zu einer völligen Entleerung der Lunge kommt. So erklärt sich auch, daß man sich nach heftigem Lachen oft wie ausgepumpt und erschöpft fühlt. Der Gasaustausch wird beim Lachen um das Drei- bis Vierfache gegenüber dem Ruhezustand gesteigert, so daß dem Lachen die Bedeutung einer heilgymnastischen Übung zukommt.

Lachen ist ein Atmungsphänomen.

Viele Menschen wissen nicht, wie man richtig atmet; sie atmen zu kurz und zu flach. Eine derartige Atmung kann aber Angstzustände hervorrufen bzw. steigern, da sie für eine neuromuskuläre Übererregbarkeit verantwortlich ist. Die Atmung beim Lachen hingegen kann durch ihre Merkmale einen solchen Zustand bekämpfen und damit Angst vermindern.

In der Lachtherapie macht man sich diese Erkenntnisse zunutze, indem Lachen als Atemtraining angeboten wird. Die Patienten lernen dabei zunächst das sogenannte Bauchatmen, das das Zwerchfell miteinbezieht. Das Zwerchfell ist jener Hauptmuskel der Atmung, der bei echtem Lachen aktiviert wird. Danach kann das sogenannte Reflexlachen systematisch geübt werden. Darunter versteht man tiefes, intensives Einatmen in Verbindung mit kurzem stoßweisen Ausatmen.

Der psychologische Effekt solcher »Lachübungen« ist beeindruckend: Der Psychotherapeut Michael Titze berichtet, daß sich seine Patienten danach nicht nur körperlich wohlfühlen, sondern auch ein gesteigertes Selbstwertgefühl empfinden, das mit einer optimistischen Einstellung zum Leben einhergeht. (Michael Titze: Die heilende Kraft des Lachens, 1995)

Lachen kann als Entspannungstechnik eingesetzt werden.

Die Ursache für eine derartige »Aktivierung der Lebensgeister« liegt darin, daß aufgrund der intensiven Lachatmung die Lunge mit reichlich Sauerstoff versorgt wird. Dadurch ergibt sich zum einen ein reinigender Effekt für die Inhaltsstoffe des Blutes. Zum anderen bewirkt die intensivierte Atmung auch eine Veränderung im Herzrhythmus. Dieser erhöht sich nämlich zunächst, um dann wieder abzusinken. Dadurch wird auch der Blutdruck gesenkt, und zu guter Letzt beginnt sich die gesamte Muskulatur zu entspannen. Man kann Lachen also mit anderen Entspannungstechniken gleichsetzen.

Paul McGhee, einer der bedeutendsten Lachforscher unserer Zeit, schreibt deshalb: »In einem jeden meiner Seminare oder Workshops über Humor veranlasse ich eine Lachübung. Es handelt sich um nichts anderes als ein lang anhaltendes Gelächter, das so richtig aus dem Bauch kommen muß. Unmittelbar danach frage ich die Leute, wie sie sich fühlen. In den meisten Fällen fühlen sie sich viel entspannter.« (aus: Michael Titze: Die heilende Kraft des Lachens, 1995).

Auch bewußt hervorgerufenes Lächeln hat einen Entspannungseffekt.

Experimentelle Untersuchungen ergaben, daß Lachen ein höchst wirksames Mittel zum Abbau von Streß sowie von Herzbeschwerden, Kopfschmerzen und chronischer Angst ist. Doch nicht nur lautes Lachen wirkt sich positiv auf die Gesundheit aus: Der amerikanische Psychologe Robert Zajonc konnte experimentell nachweisen, daß schon die Veränderung der Gesichtsmuskulatur beim Lächeln Auswirkungen auf die Blutzufuhr im Gehirn hat. Bei lachenden und lächelnden Menschen bekommt das Gehirn aufgrund vermehrten Blutzuflusses eine richtiggehende »Sauerstoffdusche«, wohingegen das Gehirn depressiver Menschen weniger gut mit Blut versorgt ist.

Der positive emotionale Zustand, der sich aus der guten Blutversorgung des Gehirns ergibt, läßt darauf schließen, daß auch bewußtes Lächeln zum Erfolg führen kann. Zajonc empfiehlt deshalb ein regelmäßiges Training der Gesichtsmuskulatur. Gerade depressive Menschen sollten sich bewußt dazu anhalten, ihrem Gesicht ein fröhliches Lächeln zu geben.

Diese »Therapie des bewußten Lächelns« wurde vom Emotionsforscher Paul Ekman in vielen Untersuchungen nachgewiesen. Er entdeckte dabei, daß sämtliche Körpersysteme in einen streßbedingten Alarmzustand versetzt werden, wenn negative Emotionen vorherrschen. Wenn aber über das Lächeln positive Emotionen hervorgerufen werden, werden die Systeme beruhigt. Für Ekman ergab sich daraus, daß es eine direkte und zentrale Verbindung zwischen der Muskelaktivität und den entsprechenden Hirnzentren geben muß.

> Das bedeutet, daß wir die positiven Reaktionen, die auf das Lachen oder Lächeln folgen, selbst herbeirufen können, indem wir unseren Humor trainieren!

/ Humor in der Therapie

Viktor Frankl, der Begründer der Logotherapie, war einer der ersten, der in seiner Praxis bewußt Humor als Therapieform einsetzte. Er ermutigte seine Patienten, über alles zu lachen, was sie beschämte und ängstigte. Dabei stand er ihnen als humorvoller Partner ermutigend zur Seite. Seine Intention war es, bei seinen Patienten einen heilsamen Einstellungswandel zu bewirken. Die beschämende Angst vor den eigenen Unzulänglichkeiten sollte allmählich immer mehr der Lächerlichkeit preisgegeben werden.

Durch Lachen läßt sich Scham überwinden.

Mit dieser Methode wird eine Art »komischer Pessimismus« angeregt, der es dem Patienten ermöglicht, den Problemen nicht nur ins Gesicht zu blicken, sondern ins Gesicht zu lachen. Lachen ist eine befreiende Korrektur von Schamgefühlen. Sobald man über seine Scham lachen kann, ist man frei davon. Ein Kind ist noch ohne Scham, voll von ungestümer Lebendigkeit und Frohsinn. Sein herzhaftes Lachen wird am lautesten, wenn es um eine Normverletzung geht. Lachen ist dabei auch Ausdruck einer kleinen Revolte gegen die Erziehung.

Für den Patienten ist es wichtig, sich von den starren »Man-muß«- und »Man-darf-nicht«-Vorstellungen seines schlechten Gewissens zu distanzieren. Indem er seine Probleme ins Lächerliche zieht, sie sozusagen auslacht, reduziert er sein Denken und Handeln auf die trotzige Lebenslust eines ungezogenen Kindes.

Therapeutischer Humor zielt also auf die Ausklammerung jener normativen Realitätsauslegung ab, die für einen Erwachsenen normalerweise verbindlich ist. Der Patient kann damit eine Grenzüberschreitung vornehmen. Er kann sich zwanglos und spielerisch in die Sphäre seines eigenen Kindseins begeben. Daraus entsteht ein befreiender Effekt: Dem Patienten wird es möglich, sich aus seiner selbstbezogenen Haltung zu lösen und sich selbst aus der Distanz zu betrachten. Dies ist, wie bereits erwähnt, eine der wichtigsten Aufgaben des Humors.

Der amerikanische Psychotherapeut Frank Farrelly war der erste, dem es gelang, die Bedeutsamkeit des Humors für die Psychotherapie wirklich publik zu machen. Seine Schüler Eleonore Höfner und Ulrich Schachtner entwickelten sein Konzept der Provokativen Therapie erfolgreich weiter und veröffentlichten 1995 ein Buch darüber.

ProSt ist eine Therapieform, die mit Humor arbeitet.

Der Provokative Stil, kurz ProSt genannt, ist eine therapeutische Methode, die mit Humor und Herausforderung arbeitet. Provoziert werden sollen dabei Gelächter und Widerstand. Denn sowohl Lachen als auch Rebellion verbinden schnell und mühelos Denken und Verhalten mit Gefühl, ohne daß der Betroffene seine Abwehr gegen den Provokateur, in dem Falle den Therapeuten, richten kann. Damit wird der Widerstand in die richtige Richtung gelenkt – nämlich gegen das eigene, selbstschädigende Verhalten, das es zu ändern gilt.

Lachen macht frei, und Widerstand setzt in Bewegung. Die Provokation zum Lachen, die vom Therapeuten ausgeht, muß frei sein von Überheblichkeit und darf sich nur gegen das Schädliche und Absurde im Verhalten des anderen richten, nicht gegen dessen Persönlichkeit. Dabei werden dem anderen auf eine besondere Art und Weise Denkmuster, Gefühle und Verhaltensweisen unterstellt, so daß dieser gefühlsmäßig Stellung beziehen muß. Die Unterstellungen werden extrem verzerrt – bis hin zum Absurden, was den Betroffenen zum Lachen bringt. Dieses Lachen über sich selbst gibt ihm ein Stück Freiheit zurück, denn nur wer sich selbst relativieren kann, kann über sich selbst lachen.

Grundvoraussetzung für eine derartige Therapietechnik ist, daß der Therapeut seinem Klienten stets vermittelt, daß er ihn als Person schätzt und wirklich an einer Veränderung seiner Situation interessiert ist. Dazu gehört auch, daß der Therapeut ständig seine Einstellung kontrolliert und prüft. Klient und Therapeut stehen sich als gleichwertige Partner gegenüber, die gemeinsam ein Stück des Weges zurücklegen. Auf dieser Wegstrecke lernen beide dazu.

Durch ProSt wird dem Klienten von Anfang an ein Gefühl der Hoffnung und Zuversicht vermittelt, weil der Therapeut dessen Probleme nicht so tragisch und bitterernst, ihn selbst aber für voll nimmt. Mit anderen Worten: Der Therapeut nimmt den Menschen ernst und macht sich mit ihm gemeinsam über dessen Symptome lustig. Dadurch wird der Klient als gleichwertiger Gesprächspartner herausgefordert, und das Absurde und Selbstschädigende an seinem Denken, Fühlen und Verhalten wird ihm aufgezeigt. Auf diese Art und Weise lernt er, über sich selbst zu lachen.

In einer humorvollen Atmosphäre herrscht Zuversicht, denn das Lachen impliziert einen guten Ausgang: Man kann nur über etwas lachen, wenn man überzeugt ist, daß alles ein gutes Ende nimmt.

Das Problem eines Klienten ist oft erst dadurch zu einem Problem geworden, daß er sich zu einseitig mit etwas identifiziert, mit einer Eigenschaft, einem Defizit oder einer Prämisse. Dadurch ist sein Denken eingefahren und verbohrt. Verbohrtheit aber bedeutet Streß – sowohl für den Klienten als auch für den Therapeuten. Und unter Streß verlieren wir sofort die ausgewogene Perspektive. Indem wir über uns selbst lachen, können wir diese zurückgewinnen.

Durch ProSt hilft der Therapeut dem Klienten, das Absurde an sich selbst zu entdecken, indem er es verzerrt in den Blickpunkt rückt und ihn damit spontan zum Lachen bringt. Dabei spielt die Persönlichkeit des Therapeuten eine wichtige Rolle. Der Klient kann nur lernen, gemeinsam mit dem Therapeuten über sich zu lachen, wenn auch dieser über sich selbst lachen kann.

Eine humorvolle Verzerrung im Zusammenspiel mit einer spürbaren Selbstironie des Therapeuten hat den zusätzlichen Effekt, daß der Klient aufgefordert wird, auch zu den Aussagen des Therapeuten eine distanzierte Haltung einzunehmen. Diese Einsicht, daß jede Sichtweise – auch die des Therapeuten – immer nur eine unter vielen ist, fördert die Fähigkeit zu relativieren.

Selbstverantwortung und Mündigkeit des Klienten sind das oberste Ziel von ProSt.

Das Hauptziel einer provokativen Therapieform ist die Wiederherstellung der Eigenverantwortung, der Mündigkeit und damit der Möglichkeit, sein eigenes Leben zu gestalten. Das bedeutet, es werden die Voraussetzungen zur Beseitigung aktueller Probleme geschaffen. Lösen muß der Klient seine Probleme letztendlich selbst. Anders ausgedrückt ist ProSt eine Geisteshaltung, deren Schwerpunkt auf der Wiederherstellung der Eigenverantwortung liegt. Dies geschieht mit dem Einsatz von Humor.

Die Voraussetzungen für die Verwendung dieser humorvollen Provokation sind, abgesehen von einer wohlwollenden Grundhaltung, drei Dinge: eine gelassene Gemütsverfassung, ein wertfreies Einfühlen in die Gefühle und Gedanken anderer sowie eine gewisse Offenheit den darin enthaltenen Absurditäten und Paradoxien gegenüber. Anders gesagt: Durch ProSt wird die Weltsicht des anderen liebevoll karikiert, denn erst durch die Verzerrung wird das sichtbar, was einer Weiterentwicklung im Wege steht.

Eine derartig verzerrte Rückmeldung seiner Werte und Glaubenssätze erzeugt Überraschung und befreiendes Gelächter beim Betroffenen sowie Rebellion gegen das Bild, das ihm dargeboten wird. Dadurch wird nicht nur Einsicht geschaffen, sondern auch der Wille zur Veränderung wiederhergestellt und gezielte Energien für die eigene Weiterentwicklung freigesetzt. Dieser Prozeß kann nur mit Hilfe des Humors in Gang kommen.

Ihnen wurde hoffentlich durch diesen kleinen Exkurs deutlich, welche große Bedeutung der Humor für Ihr Leben hat und welche Möglichkeiten er Ihnen bieten kann. Die wichtigsten Punkte möchte ich deshalb hier noch einmal kurz zusammenfassen:

● Humor ist das hilfreichste Mittel, Distanz zu sich selbst zu gewinnen und seine Probleme aus einer gebührenden Entfernung zu betrachten.

● Lachen entspannt und hat eine positive Auswirkung auf Ihr emotionales Gleichgewicht.

● Humor macht es Ihnen fast unmöglich, sich zu ärgern oder in eine tiefe Depression zu versinken.

● Humor ist erlernbar, denn schon das mechanische Verziehen der Lippen zu einem Lächeln verändert Ihre Gemütsverfassung.

/ ZWEITER TEIL

Humor bereichert Ihr Leben –
Test- und Übungsprogramm

Grübeln macht krank!

Schön, Sie wissen jetzt also, was Humor alles bewirken kann und haben auch eine ungefähre Vorstellung davon, wie es mit Ihrer Humorfähigkeit im Alltag aussieht. Die Tatsache, daß Sie dieses Buch bis hierher gelesen haben, impliziert einen gewissen Wunsch zur Veränderung: Sie sind mit Ihren bisherigen Verhaltensweisen und deren Ergebnissen nicht mehr zufrieden und wollen etwas ändern. Die Frage ist nur, wie ernsthaft Sie dies wirklich wollen. Dieses Buch kann Ihnen nur bis zu einem gewissen Grade helfen, den Rest müssen Sie selbst tun. Voraussetzung dafür ist eine richtige Wahrnehmung Ihrer Probleme und Verhaltensweisen, die Sie ändern wollen. Oft ist es nämlich so, daß ein schädliches Verhalten auch Vorteile mit sich bringt.

Wollen Sie Ihr Verhalten wirklich ändern?

Wenn Sie z. B. absolut unorganisiert sind: Einerseits ist das natürlich unangenehm, weil Sie ständig im Chaos leben müssen, andererseits ist es aber auch ganz angenehm, weil Sie keine wirkliche Anstrengung machen müssen, um aufzuräumen, denn Sie wissen ja, daß Sie chaotisch sind! Sehen Sie? Es ist so leicht, sich in seinen Mustern und Verhaltensweisen einzurichten!

In diesem Fall bleibt ein Veränderungswunsch natürlich ohne Folgen. Darum ist es wichtig, daß Sie sich genau darüber im klaren sind, was Sie verändern wollen, und das mit all seinen Konsequenzen!

> **Übung**
> ● Nehmen Sie ein Blatt Papier zur Hand, und schreiben Sie die Verhaltensweise auf, die Sie stört. In unserem Fall also: »Ich bin zu unordentlich.«
> ● Jetzt schreiben Sie alle positiven und negativen Konsequenzen, die dieses Verhalten nach sich zieht, nacheinander dazu. Also:
> ● Negativ: »Ich finde nichts mehr«; »Ich fühle mich nicht wohl«; »Ich kann nicht arbeiten«; »Ich schäme mich«.
> ● Positiv: »Ich muß mich nicht aufraffen, um aufzuräumen«; »Ich muß mich nicht an den Schreibtisch setzen, weil ja kein Platz ist«; »Ich muß nie aufräumen, wenn Besuch kommt, alle wissen, daß ich chaotisch bin«.

Wie Sie erkennen können, wiegen die positiven Folgen Ihres Verhaltens fast genauso schwer wie die negativen. Jetzt ist die Frage: Wollen Sie Ihr Verhalten wirklich ändern, auch mit dem Ergebnis, daß Ihre bequemen Ausreden wegfallen? Wenn dies der Fall sein sollte, dann schreiben Sie doch groß auf Ihren Zettel, was Sie erreichen wollen. Und bitte immer positiv formulieren! Also: »Ich möchte ordentlich werden!« und nicht: »Ich möchte nicht mehr unordentlich sein!« Positive Formulierungen geben Ihrem Ziel eine ganz andere Dynamik!

▮ Welche Verhaltensweisen behindern Sie im Alltag?

Es ist zwar mühsam, aber wahr: Wir sind auf der Welt, um uns ein Leben lang weiterzuentwickeln und für Neues offen zu bleiben. Derartiges persönliches Wachstum erfordert Mut und Einsatzbereitschaft und oft auch das schmerzliche Abschiednehmen von geliebten Eigenheiten. Natürlich sind wir nicht andauernd mutig und einsatzbereit, sondern schlagen uns meistens mit sogenannten Wachstumsbremsen herum – und zwar hauptsächlich mit Feigheit, Faulheit und

Weiterentwickeln, nicht stehenbleiben!

Eitelkeit. Das ist natürlich unangenehm zu hören. Wer gibt schon gerne zu, daß er zu faul ist, um die Wohnung aufzuräumen.

Tatsache ist aber, daß es keinen Punkt in unserem Leben gibt, an dem wir behaupten können, alles über uns selbst zu wissen. Wenn wir das tun, bleiben wir stehen und entwickeln uns nicht mehr weiter. Jede vermeintliche Wahrheit über uns oder die Welt, die wir glauben erkannt zu haben (und die wir nicht mehr in Frage zu stellen bereit sind), schließt uns von neuen Erfahrungen aus. Wenn Sie z. B. öfters von Männern enttäuscht worden sind, ist es ein leichtes zu behaupten: »Männer sind alle gleich, sie sind egoistisch und wollen immer nur das eine.« Damit nehmen Sie sich aber die Chance, jemanden kennenzulernen, der diesem Schema nicht entspricht.

Neue Erfahrungen sind wichtig! Jede neue Erfahrung ist eine Herausforderung und ein Risiko, denn das Ergebnis ist uns nicht bekannt. Wenn wir deshalb versuchen, bestimmte Erfahrungen aus unserem Leben auszuschließen, lernen wir nichts mehr dazu. Dadurch machen wir immer wieder die gleichen Fehler, die wir durch Ausklammerung dieser Erfahrung gerade vermeiden wollten.

Wenn wir bereit wären zu lernen, könnten wir beim nächsten Mal das Problem vielleicht sinnvoller lösen oder zumindest einen anderen Fehler machen, aus dem wir wiederum lernen können. Es gibt nämlich keine Lösungen, die ohne Risiken wären, sondern nur neue Lebenserfahrungen, die uns erlauben, das nächste Mal in einer ähnlichen Situation weniger falsch zu machen.

Der Verzicht auf Lernen ist ein hoher Preis für eine trügerische Sicherheit, die uns absolute Wahrheiten oder fixe Ideen liefern will. Diese Sicherheit ist deshalb trügerisch, weil wir bald alle Hände voll zu tun haben, Erfahrungen aus unserem Leben fernzuhalten, die unsere fixen Ideen gefährden oder widerlegen können, wie z. B. Erfahrungen mit Männern, die Ihrer starr gefaßten Vorstellung nicht entsprechen. Damit vergeuden wir die Energie, die wir eigentlich brauchen, um etwas Neues zu lernen und uns weiter zu entfalten.

Fixe Ideen und unterdrückte Seelenbereiche

Fixe Ideen sind Werte und Einstellungen, die wir für gottgegeben und unveränderlich halten. Die meisten aller Werte und Einstellungen werden aber nicht von Gott, sondern von Menschen gemacht, und sind damit veränderbar. Genauer betrachtet handelt es sich meistens um fundierte Vorurteile, die von einer großen Zahl unserer Mitmenschen geteilt und verteidigt werden.

Wie wir andere Menschen wahrnehmen, hängt zum Großteil auch von der Haltung ab, die wir uns selbst gegenüber einnehmen. Sie beeinflußt die Wahrnehmung anderer in entscheidender Weise. Je freier wir unseren Fehlern gegenüberstehen, um so freier und offener wird unser Umgang mit anderen Menschen sein. Menschen, die intolerant und humorlos gegen sich selbst sind, treten auch anderen intolerant und humorlos entgegen. Und wer bestimmte fixe Ideen hat, sieht bei anderen nur die Ausschnitte, die zu seinen fixen Ideen passen. Deshalb ist es nützlich zu lernen, die eigenen fixen Ideen als solche zu entlarven.

Fixe Ideen fördern Humorlosigkeit und Intoleranz.

Wir wollen jetzt einmal überprüfen, welche fixen Ideen sich in Ihrem Kopf eingegraben haben. Dazu lesen Sie sich bitte die folgenden Schlagworte durch und kreuzen Sie an, was Ihnen richtig erscheint. Und bitte schummeln Sie nicht!

- ☐ Als Frau kann man nie soviel erreichen wie als Mann
- ☐ Frauen nützen einen aus
- ☐ Kinder brauchen eine starke Hand
- ☐ Wenn Kinder versagen, ist die Mutter schuld
- ☐ Der Mann ist der Herr im Haus
- ☐ Eine Frau gehört hinter den Herd
- ☐ Wer kein eigenes Haus hat, hat nichts erreicht
- ☐ Kleidung ist das wichtigste
- ☐ Alle Männer sind Schweine
- ☐ Fernsehen macht dumm

☐ Ich habe immer recht
☐ Ich bin ein Versager
☐ Ich werde von allen ausgenützt
☐ Es ist zu spät, um jetzt noch etwas zu ändern
☐ Ich bin, wie ich bin

Vielleicht ist Ihnen ein wenig bewußt geworden, welche Maximen Sie in Ihrem Leben als unveränderlich ansehen und auf welche Weise diese Ihren Erfahrungshorizont deutlich einengen.

Sind Sie sich der Seelenbereiche bewußt, die Sie unter Verschluß halten?

Nicht nur die überhebliche Meinung, daß wir alles wissen, bringt uns zum Stillstand. Es gibt Bereiche in unserer Seele, die wir als bedrohlich erleben und deshalb gar nicht näher betrachten wollen. Dadurch sind diese Bereiche nun aber nicht aus dem Verkehr gezogen, sondern entwickeln im Gegenteil eine reges Leben im Untergrund. Sie breiten sich aus und beeinflussen unser Leben viel mehr, als wir uns vorstellen können. Ein klassisches Beispiel für eine derartige Unterdrückung eines Seelenbereiches ist die beliebte Haltung beim Ehekrach: »Ich hab gar nichts mit diesem Konflikt zu tun, der andere ist *ganz allein* schuld, und ich bin das Opfer.«

Wenn wir uns diese Opferrolle nicht näher betrachten, können wir an dieser Einstellung sehr lange, manchmal sogar ein Leben lang, festhalten. Damit gefährden wir dann zwar nicht unser labiles seelisches Gleichgewicht, das bedrohlich zu schwanken anfangen würde, wenn wir uns unseren eigenen Anteil an dem Problem eingestehen würden, andererseits kommen wir aber auch nicht aus der selbstgewählten Einengung heraus.

/ Unzufriedenheit in der Partnerschaft

Mann + Frau = Partnerschaft = Probleme

In der Partnerschaft neigen wir besonders dazu, durch Schuldzuweisungen und Verlagerungen von unseren eigenen Problemen abzulenken. Oft sind wir von einem unbestimmten Gefühl der Unzufriedenheit durchdrungen. Wir können zwar nicht genau sagen, was an unserer Beziehung nicht stimmt, aber ganz glücklich sind wir nicht. Vielleicht gibt es ja irgendwo noch einen anderen Partner, der viel besser zu uns paßt? Vielleicht haben wir einfach die oder den Richtigen noch nicht gefunden?

Unsere moderne Gesellschaft macht es uns leicht, immer wieder einen Partnerwechsel vorzunehmen. Das Angebot ist groß, und wenn es bei dem oder der einen nicht klappt, versucht man es eben mit jemand anderem. Dadurch ist es aber auch so schwierig geworden, sich in einer Beziehung wirklich miteinander auseinanderzusetzen. Oft wechselt man den Partner nur, um nicht auf die eigenen Probleme gestoßen zu werden. Was man dabei übersieht, ist die Tatsache, daß man immer wieder an denselben Typ von Partner gerät, solange man das Grundproblem nicht beseitigt hat.

/ Fallbeispiel

Sarah, eine gute Freundin, hatte Probleme mit Männern. Sie geriet anscheinend immer wieder an denselben Typ Mann – sehr redegewandt, gutaussehend, aber unzuverlässig und untreu.

Zu Beginn jeder neuen Beziehung war sie zwar davon überzeugt, daß es bei diesem Partner anders laufen würde, im Endeffekt wiederholte sich jedoch immer wieder das gleiche Schema: Sarah entdeckte, daß sie betrogen wurde, und verließ den Mann. Es schien ihr unmöglich, aus diesem Kreislauf auszubrechen, und sie hätte wohl noch weiter mit diesen frustrierenden Erfahrungen gelebt, wenn ich sie nicht darauf aufmerksam gemacht hätte, daß sie selbst auch ihren Anteil zu diesem Problem beitrug. Ich riet ihr, sich mit der Frage zu beschäftigen, warum sie immer auf diesen speziellen Typ Mann ansprach.

Sarah machte sich Gedanken darüber und stellte dabei fest, daß sie dasselbe Muster in ihrem Leben wiederholte, das ihre Eltern ihr vorgelebt hatten. Ihr Vater war ein sehr gutaussehender, erfolgreicher Geschäftsmann, der ihre Mutter bei jeder Gelegenheit betrog. Indem sie sich mit ihrer Vergangenheit und ihrem eigenen Anteil an ihrer problematischen Beziehungssituation aus-einandersetzte, wurde ihr einiges in ihrem Leben klar. Sarah be-kam dadurch die Chance, das alte Muster zu durchbrechen. Mit ihrer geänderten Einstellung gelang es ihr, einen Mann zu finden, mit dem sie eine erfüllte Partnerschaft führen konnte.

Eine alte Weisheit besagt, daß zu Problemen in einer Beziehung immer zwei gehören. Das ist unbedingt richtig. Die Rollen sind selten so genau verteilt, daß der eine nur der Böse ist und der andere das völlig unschuldige Opfer. Derjenige, der das Opfer spielt, hat auch seine Gründe, warum er in der Opferrolle verharrt, anstatt auszubrechen.

Wir wollen noch ein bißchen tiefer in dieses Thema einsteigen und uns einmal ansehen, wie es um Ihren Teil in Ihrer Partnerschaft bestellt ist. Dazu machen wir folgenden kleinen Test: Was fällt Ihnen spontan beim Gedanken an Ihre Beziehung ein? Lesen Sie sich die folgenden Stichpunkte gründlich durch und antworten Sie schnell und ohne zu zögern. Mehrfachnennungen sind möglich.

- ☐ Unbehagen
- ☐ Angst
- ☐ Glück
- ☐ Ungeduld
- ☐ Abscheu
- ☐ Hoffnung
- ☐ Freude
- ☐ Eifersucht
- ☐ Mißtrauen
- ☐ Leere
- ☐ Nähe

Falls Sie wirklich spontan und ohne zu überlegen geantwortet haben, ist Ihnen anhand der angekreuzten Antworten klar geworden, welches Gefühl bei Ihnen in bezug auf Ihre Partnerschaft vorherrscht. Sollten die negativ belasteten Stichworte überwiegen, wird es Zeit, daß Sie darüber nachdenken, was in Ihrer Beziehung eigentlich los ist. Liegt den Problemen nur eine unbestimmte Unzufriedenheit zugrunde, oder sind auch gravierende Verständigungsmängel vorhanden?

Das wichtigste Thema im Bereich Partnerschaft und Partnerschaftsproblematik ist Kommunikation. Die meisten Konflikte entstehen durch mangelhafte Kommunikation der Partner untereinander. Es gibt immer noch viele Ehen, in denen kaum oder überhaupt nicht miteinander gesprochen wird. Die Aufgabenbereiche sind abgegrenzt, hier die Arbeit, dort der Haushalt und die Kinder, und außer über organisatorische Dinge stehen die Ehepartner nicht miteinander im Gespräch. So konnte auch der Fall des »Babys von Graz« erst zu einem richtigen Fall werden: Die Eltern des ausgesetzten Kindes standen so wenig in Kontakt miteinander, daß die Frau sowohl die Schwangerschaft als auch die Geburt im Badezimmer des gemeinsamen Hauses erfolgreich vor ihrem Mann verbergen konnte.

Sprechen Sie richtig mit Ihrem Partner?

Unter Kommunikation verstehe ich hier hauptsächlich die Vermittlung von Emotionen. Es ist wichtig, dem anderen mitzuteilen, wie wir uns fühlen, was wir empfinden. Fehlt diese Kommunikationsebene, ist es so gut wie unmöglich, zum Partner einen echten emotionalen Kontakt herzustellen.

Von großer Bedeutung ist hierbei der Austausch: Ich teile dem anderen meine Gefühle mit, der nimmt sie an und versucht sie zu verstehen. Dies ist der Idealfall. Meistens verläuft die Kommunikation in einer Partnerschaft allerdings so, daß ein Partner sich mitteilt, der andere dies jedoch nicht annimmt, sondern dagegenhält.

Nach diesem Schema folgt dann auf die Aussage: »Ich fühle mich von dir übergangen, weil du mir nicht mitgeteilt hast, daß du heute abend ausgehst.« die Antwort: »Wieso, stimmt doch gar nicht, natürlich habe ich dir das gesagt, daß ich heute abend ausgehe!« Darauf erwidert der erste: »Nein, hast du nicht«, der andere hält ein energisches »Doch« dagegen, und schon befindet man sich in einer völlig sinnlosen Streitspirale.

Wie sieht es in Ihrer Beziehung aus? Kennen Sie ähnliche Streitsituationen? Um das herauszufinden, werfen wir einen kurzen Blick auf Ihre Kommunikationstechniken in Ihrer Partnerschaft. Lesen Sie sich dazu die folgenden Situationen durch und überlegen Sie genau, wie Sie im jeweiligen Fall antworten würden. Bitte denken Sie daran, daß es hier allein darum geht, herauszufinden, welche Probleme in Ihrer Partnerschaft auftreten, um diese, wenn möglich, zu lösen. Seien Sie also ehrlich und betrügen Sie sich nicht um eine positive Entwicklung!

/ Wie kommunizieren Sie in der Partnerschaft?

1. Ihr Partner wirft Ihnen vor, daß Sie in den letzten Wochen zu wenig Zeit für ihn/sie haben. Was antworten Sie?

☐ a) »Also, das stimmt doch gar nicht, erst gestern war ich den ganzen Abend zu Hause!«

☐ b) »Naja, du bist ja auch dauernd nicht zu Hause!«

☐ c) »Ach, das ist mir gar nicht so aufgefallen. Ist das wirklich so?«

2. Ihr Partner fragt Sie nach Ihrer Meinung zu einem neuen Kleidungstück, das er/sie sich gekauft hat. Was sagen Sie?

☐ a) »Was hat es gekostet?«

☐ b) »Sieht nicht schlecht aus!«

☐ c) »Das gefällt mir wirklich gut an dir!«

3. Sie haben mit Ihrem Partner eine Auseinandersetzung über die Finanzen in Ihrem gemeinsamen Haushalt. Ihr Partner wirft Ihnen vor, Sie würden zu viel Geld ausgeben. Wie reagieren Sie?

☐ a) »Ich gebe zu viel Geld aus? Wer hat sich denn erst letzte Woche Tennisschuhe für 200 Mark gekauft?!«

☐ b) »Ja, ja, jetzt soll ich wieder an allem schuld sein!«

☐ c) »Ich empfinde das eigentlich nicht so. Können wir darüber reden, wie du zu dieser Annahme kommst?«

4. Sie bekommen mit Ihrem Partner Streit über die Aufgaben-verteilung im Haushalt. Sie sagen:

☐ a) »Immer muß ich alles alleine machen, du könntest auch mal einen Finger rühren!«

☐ b) »Ich finde, deine Beteiligung am Haushalt ist viel zu gering.«

☐ c) »Ich fühle mich nicht wohl dabei, wie wir das Haushaltspro-blem im Moment handhaben. Können wir da nicht eine an-dere Lösung finden?«

5. Sie kommen völlig erledigt nach einem anstrengenden Tag aus dem Büro. Ihr Partner, der ebenfalls einen schlimmen Tag hatte, überfällt Sie bereits an der Tür mit der Schilde-rung seiner Katastrophen. Wie reagieren Sie?

☐ a) »Darf ich mir vielleicht erst einmal die Schuhe ausziehen? Außerdem hab' ich jetzt dafür keinen Kopf, ich hatte einen anstrengenden Tag!«

☐ b) »Wie es mir geht, interessiert dich wohl überhaupt nicht, was? Du könntest ja wenigstens mal fragen, wie mein Tag denn so war!«

☐ c) »Das scheint ja heute ein furchtbarer Tag gewesen zu sein! Ich erzähl' dir nachher, was mir heute alles passiert ist!«

6. Sie sind gemeinsam auf einer Party. Es ist bereits spät, Sie werden langsam müde und möchten nach Hause. Ihr Part-ner scheint sich aber noch ausgezeichnet zu amüsieren. Wie reagieren Sie?

☐ a) »Kannst du dich vielleicht langsam mal losreißen? Es ist schon total spät!«

☐ b) »Merkst du gar nicht, wie müde ich bin? Du könntest auch mal ein bißchen Rücksicht auf mich nehmen!«

☐ c) »Ich sehe, daß es dir noch ganz gut hier gefällt. Ich würde aber gern nach Hause gehen, weil ich müde bin. Können wir da irgendeine Lösung finden?«

7. Sie haben abends eine Diskussion über das Sexualleben in Ihrer Beziehung. Dabei findet Ihr Partner, daß Ihre sexuelle Aktivität in letzter Zeit nachgelassen hat. Wie reagieren Sie darauf?

☐ a) »Das stimmt überhaupt nicht! Wie kommst du jetzt auf so einen Blödsinn!«

☐ b) »Na, du bist ja abends auch nicht mehr der/die Fitteste!«

☐ c) »Jetzt, wo du das ansprichst, muß ich sagen, es stimmt. Woher kommt das nur?«

8. Sie sitzen mit Ihrem Partner im Auto. Er/sie fährt viel zu schnell, und Sie fürchten sich. Wie reagieren Sie?

☐ a) »Entweder du fährst sofort langsamer, oder du kannst anhalten und mich aussteigen lassen!«

☐ b) »Mensch, was ist denn los, willst du einen Weltrekord aufstellen? Fahr langsamer!«

☐ c) »Ich hab' echt Angst, wenn du so schnell fährst! Kannst du bitte etwas langsamer fahren?«

9. Ihr Partner ist sehr eifersüchtig. Nach einer Party beschwert er/sie sich bei Ihnen, daß Sie zu viel mit einer bestimmten Person gesprochen hätten. Was antworten Sie?

☐ a) »Also, das ist doch lächerlich! Ich habe kaum zwei Sätze mit der Person gewechselt!«

☐ b) »Na, ich werde mich wohl mal unterhalten dürfen. Du hast dich doch auch amüsiert, oder nicht?«

☐ c) »Das ist mir gar nicht aufgefallen, daß ich mit dieser Person so lange gesprochen habe. War das problematisch für dich?«

10. Sie sind auf Ihren Partner wütend, weil er/sie eine Verein-
    barung nicht eingehalten hat. Was sagen Sie?

☐ a) »Das ist echt das letzte! Wir machen etwas aus, und du
      hältst dich nicht daran!«

☐ b) »Hätt' ich mir ja denken können, daß du das wieder nicht
      einhältst!«

☐ c) »Ich bin echt enttäuscht. Hast du eine Erklärung dafür, war-
      um das nicht geklappt hat?«

11. Sie wollen Ihren Partner zu einem Konzertbesuch überre-
    den, wobei Sie wissen, daß die Musik nicht ganz seinen/
    ihren Geschmack trifft. Wie stellen Sie das an?

☐ a) »Wenn du nicht mitkommst, bin ich echt sauer!«

☐ b) »Komm schon, du kannst auch mal mir zuliebe in ein
      Konzert gehen.«

☐ c) »Ich würde es viel schöner finden, wenn du dabei wärst.
      Kann ich dich nicht doch noch dazu überreden?«

12. Ihr Partner hat eine schlechte Nacht hinter sich und
    verbreitet sich beim Frühstück ausgiebig darüber. Wie
    reagieren Sie?

☐ a) »Kannst du mal damit aufhören, ich will in Ruhe früh-
      stücken!«

☐ b) »Naja, ich hab' auch nicht besonders geschlafen.«

☐ c) »Ach herrje, das tut mir leid. Trink noch einen Kaffee, dann
      geht's dir besser!«

13. Sie kommen zu spät zu einer Veranstaltung, weil Ihr
    Partner die Wegbeschreibung zu Hause vergessen hat.
    Was sagen Sie?

☐ a) »Auf dich ist auch überhaupt kein Verlaß!«

☐ b) »Nächstes Mal kümmere ich mich um die Wegbe-
      schreibung!«

☐ c) »Naja, ich hätte ja auch daran denken können.«

14. Ihr Partner gesteht Ihnen, daß er/sie seinen/ihren Schlüsselanhänger, ein Geschenk von Ihnen, verloren hat. Wie reagieren Sie?

☐ a) »Dir schenke ich nichts mehr!«

☐ b) »Das ist mal wieder typisch für dich!«

☐ c) »Ach, das ist aber schade!«

15. Sie sind krank und erwarten von Ihrem Partner, daß er/sie zu Hause bleibt und sich um Sie kümmert. Er/sie hat aber eine Verabredung und läßt Sie allein. Wie reagieren Sie?

☐ a) »Wenn du mich jetzt allein läßt, brauchst du heute gar nicht mehr wiederkommen!«

☐ b) »Das ist wieder typisch: Immer wenn ich dich brauche, hast du keine Zeit für mich.«

☐ c) »Mir geht's wirklich nicht gut. Kannst du deine Verabredung nicht verschieben?«

16. Sie stehen jeden Morgen mit den Kindern auf, Ihr Partner kann ausschlafen. Langsam wird Ihnen das jedoch zuviel. Was sagen Sie?

☐ a) »Mir reicht's jetzt langsam! Ich will auch mal ausschlafen.«

☐ b) »Du könntest auch mal aufstehen!«

☐ c) »Ich fühle mich nicht wohl dabei, wie das mit dem Aufstehen im Moment bei uns läuft!«

17. Ihr Partner kommt zu nachtschlafender Zeit völlig betrunken nach Hause und weckt Sie auf. Wie reagieren Sie?

☐ a) »Mensch, spinnst du? Mit dem Rausch kommst du mir aber nicht ins Bett!«

☐ b) »Du könntest auch mal daran denken, daß ich mir Sorgen mache, wenn du so spät kommst!«

☐ c) »Ach herrje, das war wohl ein Bier zuviel, was? Komm, schlaf dich erst einmal aus!«

18. Ihr Partner beschwert sich bei Ihnen über Ihre Unpünktlichkeit. Was entgegnen Sie?

☐ a) »So unpünktlich bin ich gar nicht!«

☐ b) »Du bist auch nicht gerade überpünktlich.«

☐ c) »Ja, da hast du recht. Ich werde versuchen, das zu ändern.«

19. Ihr Partner hat vergessen, Ihnen einen wichtigen Anruf auszurichten. Was sagen Sie?

☐ a) »Das war superdämlich von dir, der Anruf war echt wichtig!«

☐ b) »Wenn ich so etwas mit dir machen würde …!«

☐ c) »Ach, das ist aber wirklich ärgerlich! Hattest du soviel zu tun, daß du's vergessen hast?«

20. Ihr Partner möchte mit Ihnen ins Kino gehen, Sie würden aber eigentlich lieber zu Hause bleiben. Was sagen Sie?

☐ a) »Müssen wir denn unbedingt gehen?«

☐ b) »Der Film gefällt sowieso bloß dir!«

☐ c) »Wenn's dir nichts ausmacht, würde ich lieber hier bleiben.«

21. Sie haben mit Ihrem Partner als Beifahrer einen Auffahrunfall verursacht. Wie reagieren Sie?

☐ a) »Sag jetzt bloß nicht, daß das meine Schuld war!«

☐ b) »Wenn du mir nicht dauernd reingequatscht hättest, wäre das nicht passiert.«

☐ c) »Puh, hab' ich jetzt einen Schreck gekriegt. Na, Gott sei Dank ist nicht so viel passiert!«

Testauswertung

Zur Überprüfung Ihres Kommunikationsverhaltens in Ihrer Beziehung zählen Sie bitte, wie oft Sie a), b) oder c) angekreuzt haben. Für jede Antwort a) erhalten Sie keinen Punkt, für jede Antwort b) einen Punkt und für jede Antwort c) zwei Punkte.

0 – 14 Punkte: aggressives Kommunikationsverhalten

Wie Ihnen vielleicht beim Durchlesen der verschiedenen Antwort-möglichkeiten schon aufgefallen ist, ist Ihr Kommunikationsverhalten von einer gewissen Aggressivität geprägt. Sie lassen Ihrem Partner kaum eine Chance zu einer vernünftigen Diskussion, weil Sie sofort in Konfrontation gehen. Damit treiben Sie Ihren Partner in eine Verteidigungsposition, aus der heraus sinnvolles Kommunizieren kaum mehr möglich ist.

15 – 28 Punkte: Vorwurfsvolles Kommunikationsverhalten

Ihr Kommunikationsverhalten ist von dem Grundsatz geprägt, daß Angriff die beste Verteidigung ist. Eventuell berechtigte Kritik des Partners wiegeln Sie sofort ab, indem Sie den Vorwurf an den Partner zurückgeben. Damit ist ein Streit vorprogrammiert, weil Sie Ihrem Partner und sich selbst nicht die Möglichkeit geben, objektiv auf die einzelnen Punkte einzugehen.

29 – 42 Punkte: Sinnvolles Kommunikationsverhalten

Ihre Kommunikation zeichnet sich durch Verständnis und Achtsamkeit dem Partner gegenüber aus. Sie wissen, daß es zu einer guten Kommunikation gehört, sich selbst zurückzunehmen, um dem anderen die Gelegenheit zu geben, seine Gefühle zu äußern. Umgekehrt ist es genauso wichtig, daß Sie selbst über Ihre Gefühle sprechen, damit der andere versteht, was in Ihnen vorgeht. Mit einer solchen Kommunikation lassen sich die meisten Konflikte, wenn schon nicht vermeiden, dann doch zumindest auf eine Ebene lenken, auf der Sie gegenseitig Ihre Gefühle nicht verletzen.

Richtige Kommunikation ist ein entscheidender Punkt, der viel zu unserer Zufriedenheit im Alltagsleben beiträgt. Es ist Ihnen hoffentlich deutlich geworden, inwiefern Ihr Verhalten hier noch von Mängeln geprägt ist. Das Kommunikationsverhalten ist aber nicht nur im privaten Bereich von entscheidender Bedeutung, auch im Berufsleben spielt es eine grundlegende Rolle.

/ Unzufriedenheit im beruflichen Alltag

Wie wir mit unseren Arbeitskollegen oder unserem Chef kommunizieren, entscheidet darüber, wie zufrieden oder unzufrieden wir in unserem beruflichen Alltag sind. Wenn uns eine unfreundliche Bemerkung eines Kollegen gleich den ganzen Tag verdirbt, haben wir noch nicht gelernt, uns selbst mit Abstand zu betrachten. Wenn wir andererseits unsere Unzufriedenheit mit in den Beruf tragen, macht dies unseren beruflichen Alltag nicht gerade leichter.

Vielleicht sind Sie ja der Meinung, daß Ihr Beruf schon in Ordnung wäre, wenn da nicht die Kollegen wären, die Sie ständig traktierten. Oder wenn der Chef nicht so furchtbar wäre. Vielleicht finden Sie aber auch, daß Ihre Fähigkeiten nicht genügend zum Tragen kommen.

Für Unzufriedenheit im Beruf gibt es viele Gründe, die Frage ist nur, ob diese Gründe auch stichhaltig sind. Wenn es nicht der richtige Beruf für Sie ist, warum wechseln Sie dann nicht? Sind Ihre Kollegen wirklich so schrecklich, oder tragen Sie auch Ihren Teil zur Situation bei?

Was macht Ihnen in Ihrem Beruf Schwierigkeiten?

Nehmen Sie doch einmal ein Blatt Papier zur Hand und schreiben Sie auf, was Sie an Ihrem beruflichen Alltag am meisten stört. Also z. B.:

- das Verhalten meiner Kollegen
- das Verhalten meines Chefs
- die Arbeitszeit
- die Umgebung im Büro
- die Atmosphäre im Büro
- zu hohe oder zu niedrige Anforderungen, die an mich gestellt werden

Und jetzt überlegen Sie, ob und wie Sie die einzelnen Punkte ändern könnten, z. B.:

- anders auf die Kollegen zugehen
- mit dem Chef verstärkt das Gespräch suchen

- über eine andere Arbeitsteilung nachdenken
- die Umgebung verändern oder eine Veränderung anregen
- über die Atmosphäre nachdenken: Ist die Atmosphäre wirklich nicht gut, oder entspringt dieses Gefühl Ihrer eigenen Unzufriedenheit?
- über die Anforderungen nachdenken: Sind sie wirklich zu hoch, zu niedrig? Was können Sie wirklich leisten?

Die Ursachen für Probleme liegen nicht nur bei anderen, sondern auch bei Ihnen!

Sie haben mit Sicherheit einige Punkte gefunden, über die es sich lohnt, nachzudenken. Es ist immer einfacher, die Schuld am eigenen Unbehagen in äußeren Umständen zu suchen. Wenn Sie jedoch wirklich zufriedener werden wollen, müssen Sie die Punkte beseitigen, die für Ihre Unzufriedenheit verantwortlich sind.

Dabei ist der erste Schritt, bei sich selbst nach den Ursachen zu forschen. Sollten Sie für sich herausfinden, daß Ihnen der Beruf, den Sie im Moment ausüben, wirklich nicht liegt, ist es an Ihnen, andere Möglichkeiten in Betracht zu ziehen. Oft liegt es allerdings nur an der Einstellung, die man seinem Beruf gegenüber einnimmt.

/ Fallbeispiel

Werner, ein Bekannter, ist Ingenieur in einem kleinen Ingenieurbüro und dort auch sehr erfolgreich. Trotzdem war er ständig unzufrieden und überlegte hin und her, ob er nicht den Beruf wechseln sollte. Ich riet ihm, sich zunächst einmal mit seiner Unzufriedenheit auseinanderzusetzen. Er sollte eine Liste aufstellen mit den Punkten, die ihn wirklich an seiner Arbeit stören. Dabei ergab sich, daß er mit seinem Beruf eigentlich zufrieden war, die Arbeit machte ihm Spaß, aber er vermißte die ihm seiner Meinung nach zustehende Anerkennung seines Chefs.

Nach längerem Überlegen stellte Werner fest, daß sein Chef ihm die Anerkennung zumindest in finanzieller Hinsicht immer zukommen ließ, daß aber die Kommunikation zwischen ihnen nicht so war, wie er es sich vorstellte. Beim Vertiefen dieses Punk-

> *tes fiel Werner auf, daß sein Chef immer wieder Anstalten ge-macht hatte, mit ihm ins Gespräch zu kommen, daß er selbst dies aber abgeblockt hatte. Als ihm diese Tatsache bewußt ge-worden war, setzte er sich intensiv mit seinem Kommunikations-verhalten auseinander. Der Kontakt zu seinem Chef verbesserte sich, und Werners Unzufriedenheit löste sich auf.*

Dieses Beispiel soll Ihnen zeigen, daß unsere Unzufriedenheit meist in uns selbst begründet liegt und auch nur von uns selbst beseitigt werden kann. Richtige Kommunikation ist dabei ein wesentlicher Fak-tor. Deshalb wollen wir kurz Ihr Kommunikationsverhalten im Berufs-leben durchleuchten.

/ Kommunizieren Sie richtig im Berufsalltag?

Betrachten Sie die folgenden Situationen. Überlegen Sie gründlich, und wählen Sie dann die Antwort, die Ihrer eigenen Reaktion am nächsten kommt. Ich möchte Sie noch einmal darauf hinweisen, daß es nicht darum geht, daß Sie sich möglichst gut darstellen, sondern daß Sie für sich die Punkte in Ihrem Verhalten herausfinden, die Sie vielleicht ändern möchten. Deshalb macht es wenig Sinn, bei der Be-antwortung der Fragen unehrlich zu sein!

1. **Sie erfahren über Dritte, daß eine Arbeitskollegin ziemlich unangenehme Dinge über Sie erzählt hat. Sie stellen die Kollegin deshalb zur Rede. Was sagen Sie?**
   - ☐ a) »Das ist ja wohl das allerletzte, daß du mir derart in den Rücken fällst!«
   - ☐ b) »Entschuldige, daß ich dich störe, aber stimmt das, daß du über mich gesprochen hast?«
   - ☐ c) »Ich bin etwas enttäuscht, weil ich erfahren mußte, daß du hinter meinem Rücken über mich gesprochen hast. Möch-test du dich dazu äußern?«

2. **Als Sie morgens ins Büro kommen, werden Sie von einer Kollegin angesprochen, die Ihnen vorwirft, sie seit längerem zu schneiden. Wie reagieren Sie?**
   - ☐ a) »Nein, so ein Blödsinn, wie kommst du denn auf so was!«
   - ☐ b) »Oh, das wollte ich nicht! Tut mir leid!«
   - ☐ c) »Ach, so empfindest du das? Mir ist das gar nicht so aufgefallen; das tut mir leid!«

3. **Ihr Chef ist ungehalten, weil sich ein Projekt verzögert und macht Ihnen deshalb Vorhaltungen. Was sagen Sie?**
   - ☐ a) »Also hören Sie mal, das ist überhaupt nicht meine Schuld!«
   - ☐ b) »Sie haben ja recht, es wird nicht mehr vorkommen.«
   - ☐ c) »Ich verstehe, daß Sie über die Verzögerung ärgerlich sind. Ich kann Ihnen gerne erläutern, wie es dazu kommen konnte.«

4. **Ein Kunde ruft bei Ihnen an und beschwert sich ziemlich aufgebracht über eine nicht korrekt gelieferte Ware. Was antworten Sie?**
   - ☐ a) »Jetzt halten Sie aber mal die Luft an. Ich kann ja auch nichts dafür.«
   - ☐ b) »Bitte entschuldigen Sie vielmals das Versehen. Was kann ich tun, um das wieder gut zu machen?«
   - ☐ c) »Ich kann verstehen, daß sie ärgerlich sind. Bitte machen sie sich keine Sorgen, ich werde mich sofort darum kümmern.«

5. **Bei einem Meeting müssen Sie plötzlich feststellen, daß Ihr Kollege Ihre Idee für die seine ausgibt. Was sagen Sie hinterher zu ihm?**
   - ☐ a) »Ich dachte, ich hör' vorhin nicht richtig! Wie kommst du dazu, so etwas zu tun?«
   - ☐ b) »Dir ist doch da vorhin sicher nur ein Versehen unterlaufen, oder?«
   - ☐ c) »Ich bin doch sehr erstaunt und auch enttäuscht. Kannst du mir dein Verhalten bitte erklären?«

6. Sie möchten eine Gehaltserhöhung. Was sagen Sie zu Ihrem Chef?

☐ a) »Also ich finde, es ist an der Zeit – auch in Anbetracht meiner Leistungen –, daß wir über eine Gehaltserhöhung reden.«

☐ b) »Ich will ja nicht stören, und wenn es nicht paßt, komme ich gerne auch später noch mal, ich wollte nur fragen, ob es vielleicht möglich wäre …?«

☐ c) »Ich würde gerne mit Ihnen über meine finanziellen Möglichkeiten sprechen.«

7. Sie haben einige Ideen zur Verbesserung der Büroatmosphäre. Als Sie sie bei einer Versammlung unter Kollegen vortragen, werden Ihre Ideen jedoch ziemlich radikal abgeschmettert. Wie reagieren Sie?

☐ a) »Na gut, wenn ihr meint. Aber dann kümmert euch in Zukunft gefälligst alleine darum!«

☐ b) »Wahrscheinlich habt ihr recht. Es war vielleicht noch nicht gründlich genug durchdacht.«

☐ c) »Ich bin jetzt etwas ärgerlich. Ich habe mir sehr viel Mühe gegeben mit diesem Konzept. Könnt Ihr eure Kritik vielleicht etwas konstruktiver anbringen, so daß wir noch einmal darüber diskutieren können?«

8. Ihr Kollege eröffnet Ihnen überraschend, daß er den ganzen August Urlaub nimmt, obwohl Sie für diesen Zeitraum auch Urlaub geplant haben. Wie reagieren Sie?

☐ a) »Ich glaube, du spinnst! Ich hab schließlich auch Anrecht auf Sommerurlaub! Mit mir nicht!«

☐ b) »Ach, ich wollte ja eigentlich auch … Aber ich kann das sicher noch verschieben!«

☐ c) »Ich bin überrascht, daß du mich hier so vor vollendete Tatsachen stellst. Wollten wir nicht den Urlaub miteinander abstimmen?«

9. **Sie werden in einer Diskussion von einer Kollegin sehr stark verbal angegriffen. Wie reagieren Sie?**
   - ☐ a) »Was soll denn das jetzt? Reiß dich gefälligst ein bißchen zusammen!«
   - ☐ b) »Äh, nun ja, vielleicht hast du ja recht.«
   - ☐ c) »Ich sehe, daß du sehr verärgert bist, mir ist aber nicht ganz klar, warum. Habe ich irgendwo etwas übersehen?«

10. **Ihr Chef versorgt Sie kurz vor Feierabend noch mit einer Menge Arbeit, die dringend erledigt werden müßte. Wie reagieren Sie?**
    - ☐ a) »Wieso kommen solche Sachen immer erst kurz vor Feierabend? Ich muß eigentlich nach Hause!«
    - ☐ b) »Oh, ich wollte eigentlich …, aber macht nichts, ich erledige das schon!«
    - ☐ c) »Ach, das kommt mir aber eigentlich ungelegen! Na, heute wird es schon gehen, aber vielleicht können wir das in Zukunft besser einteilen, damit sich nicht immer so viel am Schluß ansammelt.«

11. **Eine Kollegin feiert ihren Geburtstag im Büro und Sie sind als einzige(r) nicht eingeladen. Wie reagieren Sie?**
    - ☐ a) »Nimmst du denn einen Glückwunsch von mir überhaupt an?«
    - ☐ b) »Alles Gute zum Geburtstag!«
    - ☐ c) »Ich wünsche dir alles Gute. Ich hoffe, es gibt nicht irgendwelche Unstimmigkeiten zwischen uns. Wenn doch, sollten wir besser darüber reden!«

12. **Als Sie die Kantine betreten, schrecken Sie ein paar Ihrer Kollegen auf, die sich wohl gerade ein wenig über Sie amüsiert hatten. Was sagen Sie?**
    - ☐ a) »Ich störe doch wohl nicht, oder?!«
    - ☐ b) »Oh, entschuldigt, laßt euch durch mich nicht stören!«
    - ☐ c) »Darf man mitlachen?«

13. Sie kommen morgens zu spät ins Büro, weil Sie verschlafen haben. Was sagen Sie?

☐ a) »Ja, ja, ich weiß schon … Ich hab verschlafen!«
☐ b) »Oh Gott, es tut mir ja so wahnsinnig leid!«
☐ c) »Morgen! Tut mir leid, mein Bett wollte mich einfach nicht freigeben!«

14. Ihr Chef teilt Ihnen mit, daß er mit Ihrer Arbeitsleistung in letzter Zeit nicht zufrieden ist. Wie reagieren Sie?

☐ a) »Wie kommen sie denn darauf? Gerade in letzter Zeit habe ich mir doch besonders Mühe gegeben. Wenn ich Sie da an das letzte Projekt erinnern darf …«
☐ b) »Oh, ach, das tut mir leid. Ich werde mir in Zukunft mehr Mühe geben!«
☐ c) »Ach, sehen Sie das so? Das überrascht mich ein wenig. Vielleicht können wir uns ein bißchen genauer darüber unterhalten.«

Testauswertung

Ihr Ergebnis erhalten Sie, wenn Sie alle Antworten addieren, die Sie angekreuzt haben. Für jede Antwort a) erhalten Sie keinen Punkt, für jede Antwort b) einen Punkt und für jede Antwort c) zwei Punkte.

0–9 Punkte: aggressive Kommunikation im Beruf
Ein guter Schuß Aggression bestimmt Ihr Kommunikationsverhalten im Berufsleben. Sie fühlen sich ständig angegriffen und schlagen sofort zurück. Dies ist eine sehr gefährliche Taktik, weil sie einerseits die nötige Diplomatie vermissen läßt, und andererseits dem Gegenüber wenig Spielraum läßt, sich zu erklären. So überrennen Sie Ihren Gesprächspartner und machen jede vernünftige Diskussion unmöglich.

10 – 18 Punkte: defensive Kommunikation im Beruf

Ihr Kommunikationsverhalten im beruflichen Alltag ist von Verteidigungs- und Rückzugstaktiken geprägt. Sie beziehen jegliche Kritik auf sich selbst und sind so damit beschäftigt, sich zu entschuldigen, daß Sie nie dazu kommen, die Berechtigung der Kritik zu hinterfragen.

Mit dieser Gesprächshaltung machen Sie es Ihrem Kommunikationspartner schwer, Sie ernst zu nehmen. So können Sie kaum vermitteln, daß Sie als kompetenter Partner wahrgenommen werden wollen, und geben damit die Führung im Gespräch an den anderen ab. In einem befriedigenden Dialog wechselt die Führung aber immer zwischen den Beteiligten.

19 – 28 Punkte: ausgeglichene Kommunikation im Beruf

Sie haben erkannt, worauf es bei der Kommunikation im Berufsleben ankommt: Kompetenz und sinnvolles Vermitteln von Emotionen. Es ist wichtig, daß Ihre Gesprächspartner im beruflichen Alltag signalisiert bekommen, daß Sie ein Mensch mit Emotionen sind. Denn nur so können Sie Verständnis für Ihre Sicht der Dinge wecken.

Natürlich ist es im Berufsleben auch wichtig, mit einem gewissen Maß an diplomatischem Geschick zu agieren, man darf dabei jedoch nie die eigenen Bedürfnisse vergessen. Dies wird dadurch gewährleistet, daß man versucht, seine Gefühle zu vermitteln.

Wie man solche sinnvollen Kommunikationstechniken erwirbt, wollen wir in den nächsten Kapiteln behandeln. Wichtig ist zunächst, daß Sie erkennen, wo und in welchem Bereich Ihre Probleme liegen, und daß Sie versuchen, sich diese Probleme etwas näher anzuschauen.

Opfermentalität

Es gab in der Geschichte der Menschheit immer wieder Epochen, in denen der Mensch als hilfloses Opfer des Schicksals angesehen wurde. Auch heute noch glauben viele, daß sie irgendwelchen finsteren Mächten ausgeliefert sind. Sei es die Macht ihrer Gene, die Macht der

Sterne oder die Allmacht des Staates. Krankheiten, sowohl physische als auch psychische, gelten bei solchen Menschen als Schicksalsschlag, als undurchschaubares Geschehen, das über einen kommt und dem man sich nicht entziehen kann.

Nicht nur schwere Krankheiten und Wahnsinn, sondern auch weniger gravierende psychische Abweichungen von der Norm werden deshalb gerne allen möglichen äußeren Umständen, wie der unglücklichen Kindheit oder einer autoritären Mutter, zugeschrieben. Der Vorteil solcher Überlegungen ist, daß diese Umstände in der Vergangenheit liegen und somit außerhalb unseres Einflußbereiches. Deshalb haben sie die Wucht von Schicksalsschlägen, deren armes, unschuldiges Opfer wir geworden sind.

Fühlen Sie sich dem Schicksal hilflos ausgeliefert?

Richtig ist, daß wir alle ein Produkt unserer Anlagen und der spezifischen Bedingungen unserer Sozialisation sind, die wir nur zum Teil mitbestimmen konnten. Neben den Schicksalsmächten, die wir nicht beeinflussen können, existiert aber auch eine Menge Spielraum für eigene Entscheidungen. Es gibt immer die Möglichkeit, aktiv in das Geschehen einzugreifen. Wenn man die Verhältnisse nicht ändern kann, muß man eben seine Einstellung dazu ändern.

Sie haben die Möglichkeit, Ihr Leben zu ändern!

Gefallen wir uns in der Rolle des machtlosen Opfers, tun wir beides nicht. Wir geben es auf, die Umstände zu beeinflussen und ändern auch unsere Einstellung dazu nicht. Das ist natürlich sehr bequem. Wer das Opfer ist, braucht nichts zu tun, denn er kann ja nichts dafür.

Das ist zwar bequem, aber gleichzeitig lähmend. Wer seine ganze Persönlichkeit anhand eines einzigen Traumas in der Vergangenheit definiert, engt sein Blickfeld so sehr ein, daß ihm kaum noch Bewegungsspielraum bleibt und er über kurz oder lang feststeckt.

Fallbeispiel

Susan, eine Bekannte meines Bruders, war als Kind von ihrem Vater mißbraucht worden. Seitdem definierte sie sich über diese Rolle des Mißbrauchsopfers. Sie entwickelte eine starke Abnei-

gung gegen Männer und hielt sich von ihnen fern. Dieses Verhalten ist verständlich und nachvollziehbar. Susan begab sich in Therapie, konnte sich jedoch von ihrem Trauma nicht lösen. Sie versteifte sich auf ihren Männerhaß und begann, sich emanzipatorisch zu engagieren.

Gleichzeitig war sie mit ihrem Leben unzufrieden, weil es weder beruflich noch privat so lief, wie sie es sich vorgestellt hatte. Auch dafür machte sie ihr Trauma verantwortlich und beklagte sich, daß ihr Vater ihr Leben zerstört habe. Sie begab sich wieder in Therapie und geriet an einen Therapeuten, der ihr deutlich machte, daß ihre Fixierung auf dieses eine traumatische Ereignis auch als ihre eigene Entscheidung für eine eingeschränkte Lebensweise aufgefaßt werden kann. Sie selbst hatte sich durch diese Fixierung vom Leben abgeschnitten.

Als Susan dies mit allen Konsequenzen klar wurde, begann sie sich aus ihrer Opferrolle zu lösen. Sie nahm ihr Leben selbst in die Hand und fand einen liebevollen Partner, mit dem sie eine Familie gründete.

Wir alle haben eine Persönlichkeit mit zahlreichen Facetten und Dimensionen. Eine Dimension unserer Persönlichkeit mag sehr verletzt worden sein, doch es gibt noch unzählige andere, die uns befähigen, trotzdem weiterzuleben.

Wenn wir Gesundheit und Krankheit ebenso wie traumatische Erlebnisse als etwas Schicksalhaftes und Unveränderbares auffassen, fühlen wir uns ausgeliefert und hilflos. Wenn wir uns aber sagen, daß wir selbst unser Schicksal in der Hand haben, können wir unsere Probleme verarbeiten und weiter für die Zukunft planen.

Die Vergangenheit können wir nicht ändern und unsere Eltern auch nicht, aber wir können uns auf unsere Kräfte besinnen und die Ärmel hochkrempeln. Anstatt in der Vergangenheit zu graben und nach Sündenböcken und Defekten zu suchen, sollten wir uns lieber auf die Suche nach unseren positiven Kräften begeben und die Aufmerksamkeit auf die Jahrzehnte lenken, die wir noch vor uns haben.

Der Unterschied zwischen glücklichen und unglücklichen Menschen besteht darin, daß der Glückliche sich frei und der Unglückliche sich gefangen fühlt. Unglückliche Menschen fühlen sich hoffnungslos, hilflos und haben das Gefühl, in einer Sackgasse gelandet zu sein. Sie glauben, daß sie unkontrollierbaren, nicht veränderbaren Umständen ausgeliefert sind. Je eingeengter sie sich fühlen, um so mehr kreisen sie um das eigene mißliche Geschick. Dadurch sind sie immer weniger in der Lage, sich und ihre Situation zu relativieren. Mit der Zeit scheint ihnen ihr Unglück das einzig Wichtige in ihrem Leben zu sein. So gewinnt es eine fatale Macht über ihr Denken und Handeln.

Engen Sie sich nicht selbst ein!

Wenn Sie davon überzeugt sind, daß Sie ein Pechvogel sind und alles in Ihrem Leben schiefläuft, sind Sie nicht mehr in der Lage, die Dinge in Ihrem Leben zu sehen, die funktionieren. Alles, was Ihnen zustößt, ist für Sie ein weiterer Beweis Ihrer Theorie, daß Sie vom Pech verfolgt sind. Dadurch nehmen Sie sich die Möglichkeit, aus diesem Kreislauf auszubrechen und Ihrem Leben eine andere Richtung zu geben. Tatsache ist, daß Sie zu dicht am Problem stehen, um es richtig zu erkennen. Sie sehen es zu groß und zu undeutlich und werden dadurch hilflos und handlungsunfähig. Wenn Sie Glück haben, finden Sie einen kompetenten Dritten, der Sie von Ihrem Problem so weit wegführt, daß Sie es wieder in vernünftigen Proportionen wahrnehmen können.

/ Der Streßfaktor

In den Industrienationen hat sich das Streßphänomen in den letzten Jahren zu einer richtigen »Epidemie« entwickelt. Gesundheitsexperten gehen davon aus, daß dort zwei Drittel aller Krankheiten auf Streß zurückzuführen sind. Es ist klar: Streß macht müde und ruiniert die Gesundheit. Nur die wenigsten Menschen bewältigen den alltäglichen Dauerstreß in Beruf, Familie und Freizeit ohne physische und

Streß macht krank.

psychische Schäden. Die unaufhörlich wachsenden Reizströme des modernen Lebens zu verarbeiten überfordert die Menschen zunehmend. Zeitdruck, Arbeits-, Beziehungs- und Freizeitstreß gehen an die Substanz. Sie schwächen das Immunsystem und führen zum Raubbau an den natürlichen Kraftreserven. Schlafstörungen, Magenerkrankungen, Bluthochdruck, Allergien und Muskelverspannungen sind die Folge. Im schlimmsten Fall drohen Herzinfarkt, »Burnout« oder schwere psychische Erkrankungen wie Depressionen.

Streßmediziner erkennen zunehmend, daß umfassendes Streßmanagement vom persönlichen Lebensstil des einzelnen abhängt. Leistungsverweigerung oder innere Abwehrhaltung sind allerdings keine Alternative zum Dauerstreß. Denn diese Schonhaltung kann umgekehrt zu einer psychisch wie physisch auf Dauer ebenso ungesunden Unterforderung führen. Wir brauchen zu unserem Wohlbefinden auch »Streß« – in Form von sinnvollen Aufgaben, Herausforderungen und Zielen. Wenn wir zwischen Anspannung und Erholung das gesunde Maß finden, ist Streß für uns kein Problem.

Von den Asiaten können wir in puncto Entspannung noch einiges lernen!

Die Fähigkeit, seinen eigenen Energiehaushalt auszugleichen und durch Entspannung, Muße und Gelassenheit immer wieder zu Kräften zu kommen, ist allerdings eine Kunst, die wir im Westen erst lernen müssen. Die fernöstliche Kultur ist in diesem Bereich wesentlich weiter. Ziel wäre für uns eine Art taoistische Grundhaltung: Konzentration auf das Veränderbare und gelassenes Zur-Kenntnis-Nehmen des Unveränderlichen.

Streß und unser Umgang damit sind also ein wichtiger Punkt bei der Bewältigung unseres Alltags. Deshalb sollte uns die Frage beschäftigen, wie Sie reagieren, wenn Sie im Alltagsleben unter Druck stehen. Werden Sie schnell wütend oder resignieren Sie leicht? Reagieren Sie mit psychosomatischen Krankheiten oder nervösen Ticks?

Wie anfällig sind Sie für Streß?

Betrachten Sie die folgenden Situationen und überlegen Sie sich, wie Sie reagieren würden. Kreuzen Sie diejenige Reaktionsweise an, die Ihrer Reaktion am nächsten kommt.

1. **Sie müssen in fünf Minuten im Büro sein, haben aber weder Ihre Tasche gepackt noch gefrühstückt. Da klingelt das Telefon. Wie reagieren Sie?**
   ☐ a) Sie reißen den Hörer von der Gabel und melden sich unfreundlich.
   ☐ b) Sie nehmen nicht ab.
   ☐ c) Sie nehmen ab, erklären freundlich, aber bestimmt, daß Sie im Moment überhaupt keine Zeit haben und verschieben das Gespräch auf später.

2. **An Ihrem Arbeitsplatz müssen Sie feststellen, daß Sie gestern abend vergessen haben, einen wichtigen Kunden zurückzurufen. Wie reagieren Sie?**
   ☐ a) Sie rufen sofort an und lassen eine Entschuldigungstirade vom Stapel.
   ☐ b) Sie rufen an und tun so, als ob nichts gewesen wäre.
   ☐ c) Sie überlegen sich kurz, was Sie mit dem Kunden zu besprechen haben, rufen dann an und erklären Ihr Versäumnis.

3. **Im S-Bahnhof stellen Sie fest, daß Ihre Monatskarte abgelaufen ist und daß Sie kein Kleingeld für den Fahrkartenautomaten bei sich haben. Wie reagieren Sie?**
   ☐ a) Sie rennen hektisch aus dem Bahnhof und versuchen, irgendwo Geld zu wechseln.
   ☐ b) Sie fahren schwarz.
   ☐ c) Sie gehen zum nächsten Kiosk und kaufen sich eine Zeitung. Mit dem Wechselgeld erstehen Sie dann die Fahrkarte.

4. Sie kommen zu spät ins Büro. Wie reagieren Sie?

☐ a) Sie stürmen unter Hervorstoßen unzusammenhängender Entschuldigungen hektisch an Ihren Arbeitsplatz.

☐ b) Sie schleichen sich in einem unbeobachteten Moment an Ihren Schreibtisch.

☐ c) Sie gehen ruhig an Ihren Platz und erklären Ihre Verspätung.

5. Sie können auf Ihrem Schreibtisch ein wichtiges Schreiben nicht finden. Wie reagieren Sie?

☐ a) Sie kehren auf Ihrem Schreibtisch unter Verwünschungen hektisch das Unterste zuoberst.

☐ b) Sie beschuldigen aufgebracht Ihre Kollegin, das Schreiben verlegt zu haben.

☐ c) Sie überlegen in Ruhe, wo Sie das Schreiben gelassen haben könnten, und fangen systematisch an zu suchen.

6. Sie kommen zu spät zum Mittagessen in die Kantine, alle Plätze sind bereits belegt. Wie reagieren Sie?

☐ a) Sie fangen wütend an, über den Kantinenbetrieb zu schimpfen.

☐ b) Sie essen nichts.

☐ c) Sie holen sich einen Stuhl aus dem Vorraum und setzen sich zu Ihren Kollegen.

7. Sie stolpern beim Verlassen der Kantine und reißen einen Arbeitskollegen mitsamt seinem vollen Tablett zu Boden. Wie reagieren Sie?

☐ a) Sie bleiben völlig verstört und handlungsunfähig im Chaos auf dem Boden sitzen.

☐ b) Sie murmeln eine Entschuldigung und machen sich aus dem Staub.

☐ c) Sie helfen dem Kollegen, das Malheur zu beseitigen, und laden ihn auf einen Kaffee ein.

8. **Sie sind nach dem Essen in einer Konferenz. Plötzlich müssen Sie laut und vernehmlich aufstoßen. Wie reagieren Sie?**
   - ☐ a) Sie verlassen mit rotem Kopf den Raum.
   - ☐ b) Sie tun so, als ob nichts geschehen wäre.
   - ☐ c) Sie entschuldigen sich höflich.

9. **Sie sind gerade dabei, ein wichtiges Schreiben zu verfassen, als plötzlich der Computer abstürzt und mit ihm Ihr fast fertiges Manuskript. Wie reagieren Sie?**
   - ☐ a) Sie brechen in Tränen aus.
   - ☐ b) Sie schreiben das Ganze noch einmal, diesmal von Hand.
   - ☐ c) Sie holen sich Hilfe bei den Computerspezialisten im Hause.

10. **Mitten in einer Besprechung ruft plötzlich Ihr Partner an, um Ihnen von einem dummen Mißgeschick zu erzählen, das ihm/ihr gerade zugestoßen ist. Wie reagieren Sie?**
    - ☐ a) Sie zischen in den Hörer, daß Sie jetzt nicht sprechen können, und legen auf.
    - ☐ b) Sie lassen sich verleugnen.
    - ☐ c) Sie nehmen sich ein paar Minuten Zeit, um Ihrem Partner zu erklären, daß der Zeitpunkt ungünstig ist und Sie später zurückrufen werden.

11. **Als Sie Ihre Wohnungstür aufsperren wollen, bricht Ihnen der Schlüssel im Schloß ab. Wie reagieren Sie?**
    - ☐ a) Sie klingeln außer sich vor Wut beim Hausmeister und schimpfen auf die minderwertige Qualität der Schlüssel.
    - ☐ b) Sie setzten sich auf die Treppe und warten, bis Ihr Partner nach Hause kommt.
    - ☐ c) Sie gehen zu einer Nachbarin und rufen von dort den Schlüsseldienst an.

12. Auf dem Nachhauseweg wollen Sie noch schnell etwas auf der Bank erledigen, da wird Ihnen die Tür vor der Nase zugesperrt. Wie reagieren Sie?

☐ a) Sie trommeln wütend an die verschlossene Tür.

☐ b) Sie gehen unverrichteter Dinge wieder fort.

☐ c) Sie überlegen, welche Dinge Sie telefonisch erledigen können, und werfen die Überweisungen in den Briefkasten.

13. Sie haben Ihre S-Bahn knapp verpaßt. Wie reagieren Sie?

☐ a) Sie gehen wütend auf dem Bahnsteig auf und ab und steigern sich in einen heiligen Zorn auf den Nahverkehr.

☐ b) Sie setzen sich auf eine Bank und warten.

☐ c) Sie nützen die Ihnen verbleibende Zeit und springen in den nahegelegenen Supermarkt, um noch einige Kleinigkeiten für das Abendessen zu besorgen.

14. Das Essen brutzelt auf dem Herd, aber Ihr Partner ist immer noch nicht zu Hause. Als er/sie endlich kommt, ist das Essen schon verkocht. Wie reagieren Sie?

☐ a) Schon an der Tür überschütten Sie ihn/sie mit Vorwürfen.

☐ b) Sie sagen nichts.

☐ c) Sie lassen sich erst einmal vom Partner die Umstände seines/ihres Zuspätkommens erklären.

15. Sie möchten über Ihren mißlungenen Tag sprechen, Ihr Partner möchte aber lieber fernsehen. Wie reagieren Sie?

☐ a) Sie lamentieren, daß niemand auf Ihre Bedürfnisse eingeht.

☐ b) Sie setzten sich mit vor den Fernseher.

☐ c) Sie vereinbaren mit dem Partner nach dem Fernsehen eine Zeit, in der Sie miteinander reden können.

Testauswertung

Zur Ermittlung Ihres Streßprofils zählen Sie bitte alle Antworten, die Sie angekreuzt haben, zusammen. Dabei rechnen Sie für jede Antwort a) keinen Punkt, für jede Antwort b) einen Punkt und für jede Antwort c) zwei Punkte.

0–10 Punkte: hohe Streßanfälligkeit

Wenn Sie im Alltag unter Druck stehen, haben Sie Probleme, damit fertigzuwerden. Mit Streß können Sie schlecht umgehen, Sie geraten schnell außer Kontrolle und verlieren den Abstand zu Ihren Problemen. Schwierige Situationen, in die Sie geraten, bekommen Sie dadurch nicht in den Griff, sondern erhöhen nur noch Ihren Streß.

11–20 Punkte: durchschnittliche Streßanfälligkeit

Mit Streß umzugehen fällt Ihnen scheinbar leicht, weil Sie den Weg der »inneren Kündigung« gehen. Sobald Schwierigkeiten auftauchen, klinken Sie sich aus und gehen den leichtesten und scheinbar unproblematischen Weg. Dadurch unterfordern Sie sich. Sie unterschätzen Ihr Konfliktlösungspotential und nehmen sich jegliche Möglichkeit, ein Problem zu einer Lösung zu führen. Das muß auf die Dauer unbefriedigend bleiben.

21–30 Punkte: geringe Streßanfälligkeit

Ihr Streßverhalten ist ausgewogen. Sie bleiben auch in stressigen Situationen Herr der Lage, da Sie sich selbst und Ihre Umgebung mit Abstand betrachten können. So wird es Ihnen möglich, flexibel auf unterschiedliche Situationen zu reagieren, ohne Ihre Objektivität zu verlieren. Sie lassen sich nicht von streßgeladenen Situationen überwältigen, sondern behalten einen klaren Kopf. Besonders im Berufsalltag, aber auch im privaten Bereich ist dies von großem Vorteil.

Sie konnten überprüfen, wie streßanfällig Sie im Alltag sind. Jetzt wäre es noch interessant zu erfahren, inwiefern Sie sich den bereits ohnehin stressigen Alltag durch zusätzliche, streßfördernde Faktoren erschweren. Betrachten Sie deshalb die folgenden Fragen und antworten Sie möglichst ehrlich.

/ Streßfördernde Faktoren

1. Rauchen Sie?

☐ Ja
☐ Nein
☐ Manchmal

2. Trinken Sie relativ viel Alkohol?

☐ Ja
☐ Nein
☐ Manchmal

3. Sind Sie übergewichtig?

☐ Ja
☐ Nein
☐ Manchmal

4. Schlafen Sie zuwenig?

☐ Ja
☐ Nein
☐ Manchmal

5. Können Sie gut mit Zeit umgehen?

☐ Ja
☐ Nein
☐ Manchmal

6. Trinken Sie übermäßig viel Kaffee?

☐ Ja
☐ Nein
☐ Manchmal

7. Treiben Sie zuwenig Sport?

☐ Ja
☐ Nein
☐ Manchmal

8. Haben Sie finanzielle Probleme?

☐ Ja
☐ Nein
☐ Manchmal

9. Müssen Sie zu Ihrem Arbeitsplatz pendeln?

☐ Ja
☐ Nein
☐ Manchmal

10. Haben Sie einen Hang zum Perfektionismus?

☐ Ja
☐ Nein
☐ Manchmal

11. Fühlen Sie sich in Ihrer Arbeitsumgebung unwohl?

☐ Ja
☐ Nein
☐ Manchmal

12. Haben Sie private Probleme?

☐ Ja
☐ Nein
☐ Manchmal

13. Ärgern Sie sich oft?

☐ Ja

☐ Nein

☐ Manchmal

14. Haben Sie das Bedürfnis, sich durchzusetzen?

☐ Ja

☐ Nein

☐ Manchmal

15. Haben Sie ein niedriges Selbstwertgefühl?

☐ Ja

☐ Nein

☐ Manchmal

16. Sind Sie pessimistisch?

☐ Ja

☐ Nein

☐ Manchmal

17. Sind Sie entscheidungsunfähig?

☐ Ja

☐ Nein

☐ Manchmal

18. Suchen Sie nach Anerkennung?

☐ Ja

☐ Nein

☐ Manchmal

19. Sind Sie unflexibel?

☐ Ja

☐ Nein

☐ Manchmal

20. Verlieren Sie oft die Kontrolle?

☐ Ja
☐ Nein
☐ Manchmal

Sollten Sie auf all diese Fragen überwiegend mit »Ja« geantwortet haben, so bedeutet dies, daß sich eine große Zahl streßfördernder Faktoren in Ihrem Leben angesammelt hat, worüber Sie sich Gedanken machen sollten. Faktoren wie Rauchen, viel Kaffee und wenig Schlaf sind oft die »i-Tüpfelchen«, die ein ohnenhin schon geschwächtes Immunsystem zum Zusammenbrechen bringen können.

Wenn sich außerdem für Sie im vorangegangenen Test herausgestellt haben sollte, daß Sie eine hohe Streßanfälligkeit besitzen, sollten Sie unbedingt darauf achten, daß Sie solche streßfördernden Faktoren vermeiden.

/ Zusammenfassung

Sie haben in diesem Kapitel verschiedene Punkte kennengelernt, die Sie in Ihrem Alltag behindern. Wir haben dabei festgestellt, daß es zunächst wichtig ist, die jeweiligen Mechanismen und Faktoren zu erkennen, um sich dann damit auseinanderzusetzen. Welche Faktoren das sein können, wollen wir hier noch einmal kurz rekapitulieren.

● **Fixe Ideen und unterdrückte Seelenbereiche**
Sie sollten unbedingt überprüfen, welche scheinbar unveränderlichen Maximen sich in Ihrem Kopf festgesetzt haben und ob es in Ihrem Seelenleben Bereiche gibt, die Sie unter Verschluß halten. Überprüfen Sie, inwiefern diese Faktoren Ihr Alltagsleben in negativer Weise beeinflussen.

● **Unzufriedenheit in Partnerschaft und Beruf**
Schleichende Unzufriedenheit ist eine der Hauptursachen für Schwierigkeiten im Alltagsleben. Setzen Sie sich mit Ihrer Unzu-

friedenheit ernsthaft auseinander. Beobachten Sie dabei, wie sich diese Unzufriedenheit auf Ihr gesamtes Verhalten auswirkt.

● **Mangelhafte Kommunikation**
Fehlgeleitetes Kommunikationsverhalten erschwert Ihnen den Alltag in allen Bereichen. Versuchen Sie, Kommunikationsmängel zu entdecken. Erhöhen Sie Ihre Aufmerksamkeit sich selbst und Ihren Mitmenschen gegenüber.

● **Opfermentalität**
Die Neigung, die Schuld bei anderen oder in der Vergangenheit zu suchen, hindert Sie an zielgerichtetem Handeln. Versuchen Sie, aus Ihrer Opferrolle auszubrechen und übernehmen Sie die Verantwortung für Ihr eigenes Leben.

● **Streßverhalten**
Ihr Umgang mit Streß ist entscheidend für ein ausgeglichenes Alltagsleben. Kontrollieren Sie Ihre Streßanfälligkeit und überprüfen Sie Ihr Leben auf streßfördernde Faktoren.

Ich konnte Ihnen hoffentlich verdeutlichen, daß es viele unterschiedliche Faktoren gibt, die Ihnen Ihr alltägliches Leben erschweren. Was ich mit diesem Kapitel erreichen wollte, ist, daß Sie anfangen, sich Gedanken über Ihr Verhalten im Alltag zu machen. Wichtig dabei sind:

● Erkenntnis
● Achtsamkeit
● Kontrolle

> Lernen Sie schädliche Mechanismen erkennen, werden Sie darauf achtsam, und kontrollieren Sie, inwiefern das eigene Leben davon beeinflußt wird.

Wenn Sie diese drei Schritte verstanden haben und befolgen können, haben Sie für den Anfang bereits sehr viel erreicht. Im Laufe der nächsten Kapitel wollen wir dann versuchen, solche schädlichen Mechanismen zu durchbrechen und zu einer anderen, positiveren Lebenseinstellung zu finden.

Lach dich gesund!

Nachdem Sie erkannt haben, welche Bremsklötze Sie sich selbst jeden Tag in den Weg legen, geht es nun darum, wie sich diese hinderlichen Verhaltensweisen am besten ändern lassen. Sie hatten verschiedene Punkte gefunden, die Ihr Leben behindern können. Wir wollen nun gemeinsam Möglichkeiten finden, wie Sie diese überwinden und vermeiden können.

Im Laufe unseres Lebens haben wir uns viele Maximen und Vorurteile angeeignet, von denen wir denken, daß sie unveränderlich sind. So sind wir z. B. felsenfest davon überzeugt, daß Frauen grundsätzlich nicht Auto fahren können. Für andere, die das nicht so sehen, ist es ein leichtes, sich über unseren »Glaubenssatz« lustig zu machen, aber für uns, die wir im Zentrum stehen, ist damit nicht zu spaßen. Schließlich kann man nur mit einem gewissen Abstand zu sich selbst auch über sich selbst lachen.

Deshalb ist es wichtig zu lernen, die eigenen fixen Ideen als solche zu entlarven und sie zu trennen von den wenigen unumstößlichen Gesetzen des menschlichen Zusammenlebens, die stets eingehalten werden müssen. Diese ehernen Gesetze sind Anleitungen zum Umgang mit uns und anderen Menschen, die überhaupt erst ein befriedigendes Zusammenleben ermöglichen.

Im wesentlichen sind dies nur drei Prinzipien, nämlich erstens die Anerkennung der menschlichen Würde, zweitens die Fairneß und Aufrichtigkeit im Umgang mit anderen Menschen und drittens die Pflicht zur Weiterentwicklung und zum geistigen Wachstum.

Die Erfahrung zeigt, daß diese Prinzipien auf lange Sicht in allen menschlichen Kulturen für das gemeinschaftliche Zusammenleben weitgehend Gültigkeit haben.

Fixe Ideen, Vorurteile und Lebenslügen hindern Sie am Wachstum Ihrer Persönlichkeit.

Fixe Ideen und Vorurteile hingegen sind im Umgang mit anderen Menschen nur nutzloser und hinderlicher Ballast. Wenn wir aufgrund unseres Vorurteils nie bei einer Frau als Beifahrer mitfahren, behindert uns dies mit Sicherheit in unserem Leben – zum einen im Umgang mit Frauen, zum anderen in unserer Entwicklungsfähigkeit.

Es gibt viele Beispiele für Vorurteile, die von der Allgemeinheit getragen wurden oder werden und die sich in die Strenge und Unerbittlichkeit ungeschriebener Gesetze kleiden.

Noch vor gar nicht allzu langer Zeit galt z. B. die Regel, daß Babys streng nach der Uhr gefüttert werden müssen und daß jede mütterliche Zuwendung außerhalb dieser Zeiten unnötig sei. Babys muß man schreien lassen, hieß die Maxime, und daß Kinder sich früh an Zucht und Ordnung gewöhnen müssen. Wenn man das heute jungen Müttern erzählt, klingt es für sie wie tiefstes Mittelalter, wie eine Anekdote aus einer fernen Vergangenheit. Dabei sind seitdem nicht einmal dreißig Jahre vergangen.

Wenn wir starke Entwicklungsbremsen bzw. sehr starre fixe Ideen besitzen, entscheiden wir uns für eine eingeschränkte Lebensweise, in der wir neue Erfahrungen zu vermeiden suchen. Der Student, der aus Angst vor der Prüfung das Studium abgebrochen hat und jetzt von der fixen Idee besessen ist, daß Bildung für ihn nur schädlich ist, verschließt sich damit alle Möglichkeiten zur Weiterbildung.

Je eingeschränkter unser Leben wird, desto mehr Konstrukte sind nötig, um die eigene Funktionsfähigkeit aufrechtzuerhalten. Unser Student muß umständlich allen Arten von Bildung aus dem Weg gehen und gleichzeitig den Anschein erwecken, daß er kraft seines handwerklichen Geschicks sein Leben meistert – eine Lebenslüge.

Natürlich ist es nicht leicht, sich solche Lebenslügen einzugestehen, weil die Angst vor einem Leben ohne Lüge sehr groß ist. Wenn der

Student feststellen muß, daß Bildung keineswegs schädlich ist und er sich sein Leben nur dadurch erschwert hat, daß er das Studium abgebrochen hat, stellt sich ihm natürlich die Frage, wie es jetzt weitergehen soll. Da er aber dank dieser Erkenntnis nicht mehr alle Energie auf Nebenschauplätzen vergeudet, hat er genügend Kraft, um seinem Leben eine neue Richtung zu geben.

Indem wir uns mit unseren Lebenslügen beschäftigen, vergeuden wir alle Energie, die wir brauchen, um Neues zu lernen und uns zu entfalten. Wir verleugnen dadurch den Lebenssinn, weil wir keine Visionen für die Zukunft haben.

/ Fixe Ideen auflösen

Die wichtigste Voraussetzung ist, daß Sie erkannt haben, daß Sie sich in Ihrem Leben an Dinge klammern, die es Ihnen unmöglich machen, sich weiterzuentwickeln. Wenn Sie den Wunsch haben, Neues zu lernen, müssen Sie diese fixen Ideen abschütteln. Dazu dient die folgende Übung:

/ Übung

- Nehmen Sie ein Blatt Papier zur Hand, und schreiben Sie Ihre fixen Ideen und Vorurteile auf. Überlegen Sie genau, und seien Sie ehrlich!
  Ein Beispiel: »Alle Männer sind Schweine.«
  Darunter schreiben Sie alle Konsequenzen, die diese fixe Idee für Ihr Leben hat. Also z. B.:

- Mein Kontakt zu Männern ist eingeschränkt.
- Ich kann nicht unbefangen auf Männer zugehen.
- Wenn ich jemanden kennenlerne, bin ich sehr mißtrauisch.
- Es fällt mir schwer, eine Beziehung zu führen.
- Ich gerate immer an den gleichen Typ Mann.

Hier haben Sie Ihre fixe Idee schwarz auf weiß. Sehen Sie, wie sehr Ihr Leben davon negativ beeinflußt wird?

Jetzt sollten Sie sich überlegen, wie Sie Ihr Verhalten ändern können. Fixe Ideen, die sich über Jahre festgesetzt haben, lassen sich natürlich nicht einfach von heute auf morgen abschütteln.

Übung

- Nehmen Sie wieder Ihr Blatt Papier zur Hand und schreiben Sie auf, was passieren könnte, wenn Sie sich von Ihrer fixen Idee lösen. Zunächst allerdings muß diese Maxime aufgehoben werden. Im Falle unseres Beispiels also: »Männer sind keine Schweine.«
Die Konsequenzen:

- Ich muß nicht alle Männer von vornherein abblitzen lassen.
- Ich kann unbefangen und neugierig auf Männer zugehen.
- Ich kann risikobereiter in eine Beziehung gehen.
- Ich kann mehr Vertrauen in einer Beziehung entwickeln.
- Vielleicht lerne ich einen andern Typ Mann kennen.

Sie sehen, plötzlich eröffnen sich ganz andere Möglichkeiten! Um Ihre fixe Idee auf Dauer loszuwerden, machen Sie noch folgende Übung:

Übung

- Jedesmal, wenn Ihnen wieder Ihr Vorurteil oder Ihre fixe Idee durch den Kopf schießt, sagen Sie laut »Stop!«. Nachdem Sie »Stop!« gerufen haben, zählen Sie von zehn an rückwärts. Danach fügen Sie Ihre positiv aufgelöste fixe Idee ein. Bei unserem Beispiel sähe das dann folgendermaßen aus:
- »Alle Männer sind Schweine.« – »Stop!« – »10, 9, 8, 7, 6, 5, 4, 3, 2, 1« – »Männer sind keine Schweine!«

Machen Sie diese Übung immer dann, wenn Ihnen Ihre negativen Gedanken, fixen Ideen und Vorurteile durch den Kopf gehen.

Wann immer Situationen eintreten, in denen Sie bisher Ihre fixen Ideen anbringen konnten, wie z. B. bei einem ersten Rendezvous mit einem Mann, kontrollieren Sie genau, inwiefern Ihre fixe Idee wieder von Ihnen Besitz ergreift. Wenn also Ihr Gesprächspartner erzählt: »Meine letzte Partnerin hat mich verlassen«, sollten Sie dies nicht mit einem triumphierenden »Aha!« als Beweis für Ihre fixe Idee sehen, sondern neutral bleiben. Vielleicht hat ihn diese Frau ja aus ganz anderen Gründen verlassen, als Sie annehmen. Kontrollieren Sie Ihre Gedanken, indem Sie sich selbst gegenüber aufmerksam werden. Überprüfen Sie alle Dinge, die Ihnen spontan durch den Kopf schießen:

»Ist dies wirklich so? – Denke ich da richtig, oder bin ich von Vorurteilen beeinflußt?«

Sie können auch hier Ihren Gedanken Zügel anlegen, indem Sie sie durch ein stilles »Stop!« zum Schweigen bringen. Üben Sie dies vielleicht mit einer befreundeten Person und spielen Sie gemeinsam eine Situation durch, die für Ihre fixe Idee typisch ist.

Ein weiterer wichtiger Faktor bei der Auflösung von fixen Ideen ist der Humor:

/ **Übung**
- Nehmen Sie sich wieder Ihr Blatt Papier zur Hand, auf dem Sie Ihre fixe Idee mitsamt den daraus resultierenden Konsequenzen notiert hatten.
- Betrachten Sie diese genau: Können Sie das Absurde daran erkennen? Versuchen Sie sich daran zu erinnern, in was für komische Situationen Sie Ihre fixe Idee schon gebracht hat. Dazu fällt Ihnen bestimmt etwas ein! Haben Sie nicht

einen harmlosen Passanten angeschrien, weil Sie dachten, er wolle Sie anmachen? Der Arme wollte in Wirklichkeit aber nur nach dem Weg fragen.

● Notieren Sie solche Situationen auf Ihrem Blatt Papier. Merken Sie, wieviel humoristisches Potential in Ihrer fixen Idee verborgen liegt? Lachen Sie darüber und befreien Sie sich somit davon!

Indem Sie das Komische an Ihrem durch die fixe Idee eingeschränkten Leben entdecken, können Sie davon Abstand nehmen und sich ein Leben frei von diesem Zwang aufbauen.

/ Unterdrückte Seelenbereiche freimachen

Um zu erkennen, was in Ihrer Seele Ihrer Meinung nach lieber im Dunkeln bleiben sollte, müssen Sie Ihre Selbstaufmerksamkeit soweit erhöhen, daß Sie feststellen können, inwiefern Ihr Verhalten von Vermeidungsstrategien geprägt ist.

Erkennen Sie Ihre Vermeidungsstrategien!

Wenn Sie z. B. in Ihrem Beruf Probleme damit haben zu telefonieren und dies tunlichst vermeiden, sollten Sie sich darüber im klaren sein, daß Sie damit die Frage ausklammern, warum Sie eigentlich Angst haben, ein Telefongespräch zu führen. Besitzen Sie ein zu geringes Selbstbewußtsein? Haben Sie Angst, daß Sie irgendetwas falsch machen beim Telefonieren? Ist Ihnen das Gefühl unheimlich, daß Sie Ihren Gesprächspartner nicht sehen können?

Was auch immer es ist, Sie müssen es herausfinden!

Es gibt viele Bereiche im Dschungel unserer Seele, die wir als bedrohlich empfinden und auf die wir deshalb nicht näher eingehen wollen. Indem wir sie verdrängen, verschwinden diese Bereiche aber nicht. Im Gegenteil, sie entwickeln ein reges Eigenleben im Untergrund. Im Laufe der Zeit erstrecken sie sich dann auch auf bisher intakte Bereiche und üben einen negativen Einfluß auf diese aus.

Wenn Sie sich nicht näher damit beschäftigen, warum Sie nicht telefonieren können oder wollen, engen Sie sich entscheidend ein. Im Berufsleben kann das fatale Folgen haben. Jemand, der sich immer davor drückt, Kundengespräche am Telefon zu führen, strahlt insgesamt keine besonders große Kompetenz aus.

Deshalb ist es so wichtig, sich mit seinen Vermeidungsstrategien auseinanderzusetzen. Am einfachsten geht das, indem man seine Selbstaufmerksamkeit erhöht. Das bedeutet, daß Sie sich auf Ihr Verhalten konzentrieren. Jahrelang durch Vermeidungsstrategien geschützte Seelenbereiche können erst dann aufgebrochen werden, wenn Sie deren Gründe und Ursachen verstanden haben. Die beste Möglichkeit, diese herauszufinden, ist, Ihr Verhalten schriftlich festzuhalten und zu kontrollieren.

Durch den Vorgang des schriftlichen Formulierens werden viele Dinge sehr viel greifbarer und konkreter, als wenn Sie Ihre Probleme nur im Kopf wälzen. Nicht umsonst rege ich Sie immer wieder dazu an, sich Listen zu erstellen. Unausgegorene Gedanken lassen sich so besser systematisieren und in eine Richtung lenken.

Erhöhen Sie Ihre Selbstaufmerksamkeit: Halten Sie Ihr Verhalten schriftlich fest!

Wenden Sie diese Strategie auch bei der Kontrolle Ihres Verhaltens an. Gehen Sie dabei Schritt für Schritt vor. Zu Beginn notieren Sie das Verhalten, von dem Sie die Befürchtung haben, daß es sich um eine Vermeidungsstrategie handelt. Legen Sie sich eine Art Notizheft oder Tagebuch an, und schreiben Sie das Verhalten auf. Also z.B.: »Ich vermeide es, Telefongespräche zu führen.«

Beobachten Sie sich selbst, und stellen Sie fest, wann und wie oft dieses Verhalten auftritt. Bezogen auf unser Beispiel könnte das folgendermaßen aussehen:

»Montag: Dreimal wichtige Telefongespräche an eine Kollegin abgegeben, einmal Telefongespräch unter Vorwand abgebrochen.«

Überlegen Sie jetzt, was hinter dieser Vermeidungstrategie steckt. Die Notiz könnte folgendermaßen lauten:

»Angst gehabt, daß ich mich nicht klar genug ausdrücken kann, daß der andere, der mich nur hören kann, mich nicht versteht.«

Die weitere Überlegung muß nun sein, ob diese Angst logisch zu begründen ist: Neigen Sie dazu, sich unverständlich auszudrücken, dann sollten Sie an Ihrem Ausdruck arbeiten. Liegt die Angst aber in einer allgemeinen Selbstunsicherheit begründet, gilt es, sich näher mit diesem Thema zu beschäftigen. Setzen Sie sich mit Ihrer Unsicherheit auseinander. Selbstsicherheit kann man lernen!

Versuchen Sie, an Ihrem Verhalten zu arbeiten. Üben Sie das Telefonieren. Zwingen Sie sich, immer öfter ein Gespräch zu führen, auch wenn Sie Angst davor haben. Nach kurzer Zeit wird Ihnen auffallen, daß Ihre Angst völlig unbegründet war!

Nutzen Sie Humor als Werkzeug gegen Ihre Vermeidungsstrategien!

Auch hier gilt wieder: Verkrampfen Sie nicht, sehen Sie Ihre Probleme mit Humor! Ist es nicht komisch, wie Sie immer wieder versuchen, Telefongesprächen aus dem Weg zu gehen, auch wenn das gar nicht möglich ist? Relativieren Sie Ihre Angst, indem Sie über sie lachen. Machen Sie sich das Absurde an Ihrer Situation bewußt! Humor gibt Ihnen die Möglichkeit, sich selbst mit Ihren Problemen nicht so ernst zu nehmen. Überlegen Sie, wie Sie Ihre Vermeidungsstrategien so übertreiben können, daß es komisch wirkt. Lachen Sie mit Ihren Kollegen darüber! Ihre Mitmenschen werden es mit Verständnis und Mitgefühl quittieren, wenn Sie merken, daß Sie über sich selbst lachen können. Indem Sie Humor zulassen, können Sie viel entspannter mit Ihrer Problematik umgehen und über kurz oder lang auch erreichen, daß sich das Problem löst.

Fassen wir noch einmal kurz zusammen:

- Fixe Ideen und Vermeidungsstrategien können aufgelöst werden, indem Sie Ihre Selbstaufmerksamkeit erhöhen. Dazu kontrollieren Sie Ihr Verhalten mit Hilfe von schriftlichen Notizen und gedanklicher Überwachung.
- Durch Überzeichnung hilft Ihnen Humor dabei, sich von Ihrer Problematik zu distanzieren und zu einer relativierten Sicht Ihrer Situation zu gelangen.

So gelingt es Ihnen, sich aus der selbstgewählten Einengung zu befreien, und Sie können sich weiterentwickeln.

Denn unser Leben besteht zum Großteil aus Entwicklung und dem Bestreben, ständig dazuzulernen!

/ Richtiges Kommunizieren

Ich habe schon darüber gesprochen, wie wichtig es ist, sowohl im privaten als auch im beruflichen Bereich zu einer sinnvollen und befriedigenden Kommunikationsform zu finden. Ihre Unzufriedenheit, die zum Großteil Ihre Probleme im Alltagsleben bedingt, gründet sich oft auf ein mangelhaftes Kommunikationsverhalten. Wenn Sie weder Ihre eigenen Bedürfnisse formulieren noch die Bedürfnisse anderer erkennen können, entwickelt sich zwangsläufig Unzufriedenheit.

Den ersten Schritt, nämlich Ihre Unzufriedenheit zu erkennen, haben Sie bereits gemacht. Jetzt geht es darum, diese Erkenntnis auch umzusetzen, indem Sie sich näher mit Ihrem Kommunikationsverhalten beschäftigen.

Ich möchte Ihnen hier kurz drei Punkte vorstellen, die für eine sinnvolle und befriedigende Kommunikation ausschlaggebend sind.

Gefühle mitteilen

Für die Kommunikation zweier Menschen ist es von entscheidender Bedeutung, daß der eine Gesprächspartner versteht, wie sein Gegenüber empfindet. Dies gelingt einerseits dadurch, daß man seine Gefühle unmittelbar in Worte faßt. Also: »Ich bin wütend auf dich« anstatt »Du bist wirklich das Letzte«.

Andererseits kann man seine Gefühle auch durch nonverbale Botschaften vermitteln. Untersuchungen haben ergeben, daß mehr als 90 Prozent unserer Kommunikation auf der Ebene von Körperhaltung und Stimmlage stattfinden. Bei inkongruenten Botschaften – das sind Botschaften, die sich inhaltlich widersprechen – wird immer der nonverbalen geglaubt.

Das bedeutet, wenn Sie den Eindruck vermitteln wollen, daß es Ihnen gutgeht und Sie dies verbal zum Ausdruck bringen, jedoch eine geknickte Körperhaltung und eine verzagte Stimme haben, wird Ihnen Ihr Gesprächspartner das nicht abnehmen. Sie sollten also darauf achten, daß die Botschaften immer kongruent sind, wenn Sie jemanden überzeugen wollen. Der gesprochene Inhalt muß mit den nonverbalen Signalen übereinstimmen. Andersherum können Sie selbst bei Ihrem Gesprächspartner auf die nonverbalen Signale achten und somit herausfinden, was er wirklich meint und fühlt.

Keine aggressiven Signale aussenden

Eine weitere wichtige Grundregel ist, daß Sie Ihren Gesprächspartner nicht verbal angreifen. Sonst zieht sich dieser auf eine Verteidigungsposition zurück, und ein vernünftiges Gespräch ist nicht mehr möglich. Man spricht in diesem Zusammenhang von »Ich«- und »Du«-Botschaften. Eine »Ich«-Botschaft ist eine Gesprächsinformation, die dem Gesprächsteilnehmer vermittelt, wie Sie sich fühlen. Also: »Ich bin enttäuscht, daß du unsere Verabredung nicht eingehalten hast.« »Du«-Botschaften hingegen sind Aussagen, die den anderen gezielt angreifen. Beispielsweise: »Du bist total unzuverlässig, weil du nie unsere Verabredungen einhältst.« Der Unterschied ist klar: Mit einer »Ich«-Botschaft wirbt man um das Verständnis des Gesprächspartners, mit einer »Du«-Botschaft stößt man ihn vor den Kopf.

Richtig zuhören

In einem gut geführten Dialog hören sich die Gesprächspartner wirklich zu und nehmen Bezug auf das, was der andere gesagt hat. Es entwickelt sich ein sogenannter »guter Draht«. Solch ein guter Draht ist eine der wesentlichen Voraussetzungen für zwischenmenschliche Einflußnahme. Wenn Sie jemandem etwas vermitteln wollen, müssen Sie unbedingt darauf achten, daß sich zwischen Ihnen und Ihrem Gesprächspartner ein guter Draht entwickelt. Jemand, der dies nicht berücksichtigt, betrachtet den anderen nur als Stichwortgeber für seine eigenen Aussagen und erntet dafür von seinem Gesprächspartner Ärger und Unverständnis.

Wenn Sie diese drei Prinzipien – Gefühle mitteilen, keine aggressiven Signale aussenden, richtig zuhören – beherzigen, steht einer zufriedenstellenden Kommunikation nichts mehr im Wege.

Da dies zwar einfach zu behaupten, aber doch nicht so leicht umzusetzen ist, möchte ich mit Ihnen dazu eine Übung machen.

/ **Übung**
● **Lesen Sie sich folgende Sätze durch und versuchen Sie, diese in »Ich«-Botschaften umzuwandeln:**
 1. **»Du kommst immer zu spät!«**
 2. **»Du könntest mir auch mal helfen!«**
 3. **»Du lügst!«**
 4. **»Immer meckerst du gleich!«**
 5. **»Das finde ich echt blöd von dir, daß du so etwas machst!«**
 6. **»Du kümmerst dich überhaupt nicht um mich!«**
 7. **»Du bist einfach gemein zu mir!«**
 8. **»Das ist mal wieder typisch für dich!«**
 9. **»Das hätte ich mir ja gleich denken können, daß du das vergißt!«**
 10. **»Schrei nicht immer so!«**

Ist es Ihnen schwergefallen, die richtigen Antworten zu finden?

Es folgt die Auflösung, um zu kontrollieren, ob Sie das Prinzip der »Ich«-Botschaften verstanden haben:

So verwandelt man »Du«-Botschaften in »Ich«-Botschaften.

1. »Ich bin sehr enttäuscht, daß du so oft zu spät kommst!«
2. »Ich fände es schön, wenn du mir dabei helfen könntest!«
3. »Ich habe das Gefühl, daß du nicht ehrlich zu mir bist.«
4. »Ich finde es schade, daß wir uns immer so anmeckern.«
5. »Ich bin wütend über das, was du gemacht hast.«
6. »Ich bin traurig, weil ich das Gefühl habe, daß du dich zuwenig um mich kümmerst.«
7. »Ich bin verletzt, das war nicht nett von dir!«
8. »Ich bin enttäuscht, daß dir immer wieder das gleiche passiert.«
9. »Ich bin traurig, daß du das vergessen hast.«
10. »Mir macht es angst, daß du immer so laut wirst.«

Nun, ist Ihnen klar geworden, wie das Prinzip der »Ich«-Botschaften funktioniert? Wenn Sie solche Umformulierungen öfter üben, fällt es Ihnen in Zukunft bestimmt leichter, Ihre Äußerungen anders zu formulieren. Vielleicht erklärt sich ja Ihr Partner bereit, mit Ihnen diese Kommunikationsform zu üben.

/ Erkennen Sie nonverbale Botschaften?

Zur Überprüfung dieser Frage lesen Sie sich bitte folgende Situationen durch, und kreuzen Sie an, was Ihrer Meinung nach richtig ist.

1. Sie fragen Ihren Gesprächspartner, ob er wütend auf Sie ist. Er antwortet mit »Nein«. Seine Hände sind in den Hosentaschen geballt und er hat die Augenbrauen zusammengezogen. Handelt es sich hierbei um

☐ a) eine kongruente Botschaft?
☐ b) eine inkongruente Botschaft?

2. Sie wollen jemandem am Telefon etwas verkaufen. Sie tragen den verkaufspsychologisch ausgetüftelten Text mit einer leisen, indifferenten Stimme vor. Welche Botschaft vermitteln Sie auf diese Weise?

☐ a) eine kongruente Botschaft

☐ b) eine inkongruente Botschaft

3. Sie fahren zum ersten Mal mit einem schnellen Motorboot. Als Sie gefragt werden, ob es Ihnen Spaß macht, verneinen Sie und halten sich verkrampft an der Reling fest. Senden Sie damit

☐ a) eine kongruente Botschaft?

☐ b) eine inkongruente Botschaft?

4. Ihr Partner versichert Ihnen, daß er/sie zuhört, und blickt dabei gleichzeitig in eine Zeitung. Welche Botschaft sendet er/sie damit aus?

☐ a) eine kongruente Botschaft

☐ b) eine inkongruente Botschaft

5. Eine Kollegin fragt Sie, ob Sie sauer auf sie sind. Sie blicken sie mit gerunzelter Stirn an und antworten mit »Ja«. Welche Botschaft vermitteln Sie?

☐ a) eine kongruente Botschaft

☐ b) eine inkongruente Botschaft

6. Ihr Partner hat Sie verbal sehr verletzt. Als Sie von ihm/ihr gefragt werden, ob alles in Ordnung ist, antworten Sie mit erstickter Stimme »Ja«. Senden Sie damit

☐ a) eine kongruente Botschaft?

☐ b) eine inkongruente Botschaft?

7. Sie fragen Ihren Partner, ob er/sie traurig ist. Er/sie sitzt zusammengekauert auf einem Stuhl und antwortet mit verschnupfter Stimme »Ja«. Handelt es sich hierbei um

☐ a) eine kongruente Botschaft?

☐ b) eine inkongruente Botschaft?

8. Ihr Chef erteilt Ihnen ungerechtfertigterweise einen Verweis. Danach entschuldigt er sich und fragt Sie, ob Sie verärgert sind. Sie antworten mit »Nein«, blicken ihm dabei nicht in die Augen und halten die Arme vor der Brust verschränkt. Vermitteln Sie damit

☐ a) eine kongruente Botschaft?

☐ b) eine inkongruente Botschaft?

9. Sie fragen Ihren Sohn, ob er seine Hausaufgaben schon gemacht hat. Er wird rot, blickt zu Boden und antwortet mit »Ja«. Welche Botschaft sendet er damit aus?

☐ a) eine kongruente Botschaft

☐ b) eine inkongruente Botschaft

10. Sie fragen Ihren Tischnachbarn, ob es Ihn stört, wenn Sie rauchen. Er antwortet mit »Nein«, blickt Ihnen dabei fest in die Augen und lächelt. Sendet er damit

☐ a) eine kongruente Botschaft?

☐ b) eine inkongruente Botschaft?

Haben Sie die verschiedenen Lösungen erkannt? Hier zur Kontrolle die Auflösung:

Frage 1: Antwort b); Frage 2: Antwort a); Frage 3: Antwort b);
Frage 4: Antwort a); Frage 5: Antwort a); Frage 6: Antwort b);
Frage 7: Antwort a); Frage 8: Antwort a); Frage 9: Antwort b);
Frage 10: Antwort b)

Falls Sie mit Ihren Lösungen oft daneben gelegen haben, sollten Sie sich mehr mit den nonverbalen Signalen beschäftigen. Was bedeutet es, wenn jemand die Hände zu Fäusten ballt und die Stirn runzelt? Ist eine kaum hörbare Stimme ein Zeichen für vermindertes Selbstbewußtsein? Überlegen Sie sich diese verschiedenen Punkte und erhöhen Sie unbedingt Ihre Aufmerksamkeit, sowohl sich selbst, als auch Ihren Mitmenschen gegenüber!

/ Können Sie zuhören?

Wie sind Sie als Gesprächspartner? Gelingt es Ihnen, einen guten Draht herzustellen, oder sind Sie eher ein »Aber-ich-Typ«, der nur auf seinen Einsatz wartet, um mit seiner eigenen Geschichte loszulegen? Mit einem kurzen Test können Sie dies feststellen. Betrachten Sie folgende Situationen und kreuzen Sie spontan an, wie Sie reagieren würden. Und bitte nicht schummeln!

1. **Ein Bekannter erzählt Ihnen von einem schrecklichen Urlaubserlebnis. Was denken Sie?**
   - ☐ a) »Ach, da fällt mir ein, wie wir in unserem letzten Urlaub …«
   - ☐ b) »Oje, der Arme, das muß ja furchtbar gewesen sein!«

2. **Eine Kollegin erzählt Ihnen von ihrer Tochter, mit der sie Schwierigkeiten hat. Was erwidern Sie?**
   - ☐ a) »Also, da kann ich dir auch eine Geschichte erzählen von meiner Nichte, da sträuben sich einem die Haare!«
   - ☐ b) »Das muß für dich zur Zeit ja furchtbar anstrengend sein!«

3. **Ihr Partner erzählt Ihnen von seinem/ihrem anstrengenden Arbeitstag. Was antworten Sie?**
   - ☐ a) »Na, dann warte mal ab, was mir heute alles passiert ist; also da war erstmal …«
   - ☐ b) »Herrje, das war ja wirklich ein stressiger Tag für dich, du Arme(r)!«

4. Ihr Partner beklagt sich über Kopfschmerzen. Was sagen Sie?

☐ a) »Du, mir geht's auch ganz schlecht!«

☐ b) »Das tut mir leid, kann ich dir irgendwie helfen?«

5. Eine Freundin berichtet Ihnen von Ihrem großen Erfolg in einer wichtigen Konferenz. Was sagen Sie?

☐ a) »Also, ich war letzte Woche auch nicht schlecht. Da hatten wir Besprechung, und da habe ich gesagt …«

☐ b) »Das ist ja toll! Herzlichen Glückwunsch!«

6. Auf einer Party wird über das Problem der Obdachlosen diskutiert. Ein Gesprächsteilnehmer erzählt von einem Erlebnis, das er kürzlich mit einem Obdachlosen hatte. Was sagen Sie?

☐ a) »So etwas ähnliches ist mir neulich auch passiert. Da war ich also am Bahnhof …«

☐ b) »Das ist ja interessant, was Sie da erlebt haben!«

7. Auf dem Spielplatz berichtet eine Mutter über die schlaflosen Nächte, die ihr Kind ihr zur Zeit beschert. Was erwidern Sie?

☐ a) »Das ist ja noch gar nichts! Als mein Sohn in dem Alter war, da hat er fast überhaupt nicht geschlafen!«

☐ b) »Oje, das ist ja furchtbar! Wie halten sie das nur aus?«

8. In der Mittagspause vertraut Ihnen Ihr Kollege an, daß er so
   bald wie möglich kündigen möchte. Was sagen Sie?
   - [ ] a) »Ja, also ich hab auch schon lange die Schnauze voll von
     diesem Laden!«
   - [ ] b) »Wirklich? Warum denn? Fühlst du dich hier nicht mehr wohl?«

9. Ihre Freundin gesteht Ihnen, daß ihr Mann sie betrügt. Was
   sagen Sie?
   - [ ] a) »Na, meinen habe ich auch schon lange im Verdacht …«
   - [ ] b) »Wie schrecklich! Und wie fühlst du dich jetzt?«

10. Ihr Partner erzählt Ihnen begeistert, daß er/sie eine ordent-
    liche Gehaltserhöhung bekommen hat. Was sagen Sie?
    - [ ] a) »Also, das wäre bei mir auch schon lange fällig. Erst letzte
      Woche hat mein Chef zu mir gesagt …«
    - [ ] b) »Das freut mich für dich!«

11. Ihre Mutter beschwert sich bei Ihnen über ihren Arzt, bei
    dem sie über zwei Stunden im Wartezimmer warten mußte,
    obwohl sie einen Termin hatte. Was sagen Sie?
    - [ ] a) »Ja, das kenne ich, mir ist neulich etwas Ähnliches passiert.
      Da war ich also bei meinem Zahnarzt …«
    - [ ] b) »Ach du Arme, das ist ja wirklich unerfreulich!«

12. Ihr Arbeitskollege erzählt Ihnen von seinem Segeltörn.
    Was sagen Sie?
    - [ ] a) »Als ich neulich am Starnberger See beim Segeln war …«
    - [ ] b) »Das hört sich ja toll an!«

13. Ihre Freundin sagt den Kinobesuch am Abend ab, weil sie
    so starke Menstruationsbeschwerden hat. Was sagen Sie?
    - [ ] a) »Ich hatte bei meiner letzten Periode vielleicht Schmerzen,
      das kannst du dir gar nicht vorstellen!«
    - [ ] b) »Oh, das tut mir leid. Kann ich irgend etwas für dich tun?«

14. Ihre Kollegin kommt viel zu spät ins Büro und berichtet, daß sie mit ihrem Auto eine Panne hatte und mitten auf der Autobahn Reifen wechseln mußte. Was sagen Sie?

☐ a) »Genau das gleiche ist mir letzte Woche passiert. Ich war auf dem Weg nach Hause, als plötzlich …«

☐ b) »Wie schrecklich! Hat dir denn niemand geholfen?«

15. Ihr Chef erzählt am Morgen von einer Filmpremierenfeier, auf der er am Abend zuvor eingeladen war. Was sagen Sie?

☐ a) »Also, letzte Woche war ich doch auf der Playboy-Party. Da war vielleicht was los!«

☐ b) »Waren auch bekannte Schauspieler dabei?«

Sie konnten zwischen verständnisvollen und »Aber-ich«-Gesprächs-beiträgen wählen. Für welche Art der Antwort haben Sie sich entschieden?

Der »Aber-ich-Typ«

Wenn Sie überwiegend Antwort a) angekreuzt haben, sollte Ihnen klar sein, daß Sie es nicht schaffen, einen guten Draht zu Ihrem Gesprächspartner herzustellen. Während der andere spricht, hören Sie gar nicht genau zu, sondern überlegen bereits, was Sie aus Ihrem reichen Erfahrungsschatz dazu beitragen können.

Damit machen Sie Ihrem Gegenüber deutlich, daß Sie an seinem Thema gar nicht interessiert sind. Dieses fehlende Verständnis führt bei Ihren Gesprächspartnern häufig zu Unmut und Ablehnung.

Der gute Draht

Sollten Sie sich überwiegend für Antwort b) entschieden haben, so gelingt es Ihnen, einen guten Draht herzustellen. Sie können zuhören und auf den anderen eingehen. Ihr Gesprächspartner bekommt das Gefühl, daß Sie ihm wohlgesonnen sind und Verständnis für seine Probleme haben. Nur so kann sich ein echter Dialog entwickeln, in dem jeder Bezug nimmt auf das, was der andere gesagt hat.

/ Können Sie humorvoll reagieren?

Humor ist ein wichtiger Bestandteil einer guten und sinnvollen Kommunikation. Mit seiner Eigenschaft, das Absurde an einer Sachlage zu thematisieren, bietet Humor die Möglichkeit zur Entspannung auch schwierigster Gesprächssituationen. Voraussetzung für humorvolles Kommunizieren ist die Fähigkeit, sich selbst quasi von außen zu betrachten. Durch den so gewonnenen Abstand zu Ihrer eigenen Problematik nehmen Sie sich selbst nicht mehr so wichtig. Ihr Gesprächspartner hat es damit leichter, sich ungezwungen auf Sie einzustellen.

Humor macht Gespräche einfacher.

Wie sieht das nun in der Praxis aus? Unter humorvollem Kommunizieren verstehe ich nicht, daß man alle zwei Sekunden einen Witz in das Gespräch einfließen läßt.

Vielmehr geht es darum, daß Sie das Absurde an Ihrer eigenen Situation oder an der Gesprächssituation erkennen und in Worte fassen können, um darüber zu lachen. Dies gelingt meistens durch Ironie, Übertreibung oder absurde Umdeutungen. Wenn Sie z. B. von Ihren Kindern, die nicht immer ganz einfach sind, als »Monster« sprechen oder Ihren Chef, der sehr jähzornig ist, unter Kollegen als »Rumpelstilzchen« bezeichnen, so ist dies eine humorvolle Übertreibung – vielleicht ein wenig frech, aber nicht explizit boshaft.

Wie können Sie dieses Prinzip nun umsetzen? Dazu möchte ich Ihnen einige Tips geben, wie Sie im Umgang mit Ihren Mitmenschen zu mehr Humor finden.

- Achten Sie auf Absurditäten jenseits der zwischenmenschlichen Konventionen.
- Achten Sie auf die vielen komischen Elemente, die unser Alltagsleben beinhaltet.
- Achten Sie auch auf Ihr eigenes Verhalten als Quelle humorvoller Inspiration.

Grundsätzlich sind es drei Elemente, die bei der Humorbildung zusammenwirken:

- selbstbezogener Humor (sich selbst parodieren, über komische Ereignisse berichten, die einem widerfahren sind)
- situationsbezogener Humor (örtliche Verhältnisse, das Wetter, Tagespolitik, sonstige aktuelle Vorkommnisse, die ironisch kommentiert werden können)
- universaler Humor

Humorvolle Konversation ist natürlich nicht immer angebracht, es gibt aber eine Menge Gelegenheiten und Anlässe, die sich mit Humor wunderbar vereinbaren lassen. Dabei ist es allerdings wichtig, ein Gespür für die Angemessenheit humorvoller Äußerungen zu entwickeln. Dies setzt eine gewisse Selbstkontrolle und die Fähigkeit zur Selbstbeobachtung voraus.

Erkennen Sie das Prinzip der humorvollen Kommunikation ein wenig deutlicher? Zur Überprüfung betrachten Sie die folgenden Situationen, und überlegen Sie, wie Ihre Antwort ausfallen würde. Kreuzen Sie diejenige an, die Ihrer Auffassung am nächsten kommt.

1. Auf einer Party werden Sie relativ unverschämt darauf angesprochen, daß Sie »nur« Hausfrau und Mutter sind. Wie reagieren Sie?

☐ a) »Ich habe genug zu tun, das können Sie mir glauben!«

☐ b) »Tja, für mehr hat's bei mir halt leider nicht gereicht. Gott sei dank gibt es ja noch Leute wie Sie!«

2. Eine Kollegin beschwert sich bei Ihnen, daß Sie noch immer kein Geld in die Kaffeekasse einbezahlt haben. Was sagen Sie?

☐ a) »Man wird ja wohl noch mal was vergessen dürfen!«

☐ b) »Mist, ich dachte, es merkt keiner!«

3. Ihr Partner, der/die sehr eifersüchtig ist, beschuldigt Sie grundlos, ihn/sie zu betrügen. Was sagen Sie?

☐ a) »Wie kommst du denn auf so etwas? Spinnst du?«

☐ b) »Tja – erwischt! Ich hatte schon befürchtet, daß du bei mehr als fünf Liebhabern auf einmal etwas merken könntest.«

4. Sie gehen in eine Boutique, um sich etwas zum Anziehen zu kaufen. Von der Verkäuferin werden Sie äußerst unwillig und dazu noch sehr unfreundlich bedient. Was sagen Sie?

☐ a) »Also, wenn Sie mir nichts verkaufen wollen, dann geh' ich eben wieder.«

☐ b) »Kann ich *Ihnen* vielleicht irgendwie helfen?«

5. Im Büro ist heute die Hölle los. Während Sie am Telefon hängen und gleichzeitig versuchen, einen Brief fertig zu schreiben, kommt Ihr Kollege mit der Bitte, für ihn einen Botengang zu erledigen. Was sagen Sie?

☐ a) »Mensch, du siehst doch, daß ich total im Streß bin!«

☐ b) »Aber sicherlich! Ich mach nur noch ganz schnell die 27 Kunden hier mundtot, dann bin ich nur für dich da!«

6. Im Freundeskreis werden Sie auf Ihre neue Frisur angesprochen, mit der Sie nicht zufrieden sind. Was sagen Sie?

☐ a) »Ach, furchtbar, ich seh' ganz grauenhaft aus!«

☐ b) »Ich hab' den Friseur schon verklagt!«

7. Sie lernen nach einiger Zeit die Freunde Ihres neuen Partners kennen. Was sagen Sie?

☐ a) »Schön, euch endlich auch mal kennenzulernen.«

☐ b) »Ich nehme mal an, Ihr habt schon viel Schreckliches über mich gehört. Ich kann dazu nur eines sagen: In Wirklichkeit bin ich noch viel schlimmer!«

8. Im Gespräch weist Sie jemand darauf hin, daß Sie Salat zwischen den Zähnen haben. Was sagen Sie?

☐ a) »Oh Gott, das ist mir jetzt aber peinlich!«

☐ b) »Ja, ich habe mir noch etwas für später aufgehoben!«

9. Sie müssen eine Rede halten und verlieren plötzlich den Faden. Was sagen Sie?

☐ a) »Ja, ähem, um noch einmal auf das zurückzukommen, was ich eingangs schon erwähnte …«

☐ b) »Meine Rede muß so langweilig sein, daß ich mir selbst nicht zugehört habe. Ich glaube, ich muß zu einem raschen Ende kommen.«

10. In Ihrer Firma findet eine kleine Feier anläßlich Ihres Geburtstags statt, bei der Ihnen ein Geschenk überreicht wird. Was sagen Sie?

☐ a) »Das wäre doch nicht nötig gewesen!«

☐ b) »Wenn ihr wüßtet, daß ich gerade kurz davor war, die Kaffeekasse mitgehen zu lassen …«

11. Ihre Schwiegermutter, mit der Sie eigentlich sehr gut auskommen, ruft an und beschwert sich, daß Sie beide sich nicht am Muttertag gemeldet haben. Was antworten Sie?

☐ a) »Ach, das ist mir aber unangenehm! Tut uns wirklich leid!«

☐ b) »Na, das haben wir wohl verschwitzt! Wird Zeit, daß wir selber Kinder haben, damit wir so etwas am eigenen Leibe zu spüren bekommen!«

12. Sie müssen Ihrem Partner gestehen, daß die Autoreparatur über DM 2000,- gekostet hat. Was sagen Sie?

☐ a) »Stell dir vor, was diese Halsabschneider in der Werkstatt verlangt haben!«

☐ b) »Wir haben da eine kleine Rechnung bekommen, kaum der Rede wert, wenn du sie vielleicht sehen möchtest …«

13. **Sie fahren mit Ihrem Fahrrad auf dem Bürgersteig, weil kein Radweg vorhanden ist, und werden von einer alten Frau deswegen beschimpft. Was sagen Sie?**
☐ a) »Halt die Luft an, Oma!«
☐ b) »Soll ich Sie ein Stückchen mitnehmen?«

14. **Sie werden in der Fußgängerzone von einem Fernsehteam angesprochen und sollen einen Kommentar zur der politischen Streitfrage »Benzinpreis auf fünf Mark pro Liter erhöhen« abgeben. Was sagen Sie?**
☐ a) »Ja, äh, weiß ich nicht so recht, was ich davon halten soll.«
☐ b) »Hamse mal fünf Maak?«

15. **Bei einem Geschäftsessen reißt Ihnen, als Sie aufstehen wollen, die Hose im Schritt. Wie reagieren Sie?**
☐ a) »Entschuldigung, ich muß mal eben auf die Toilette.«
☐ b) »Hoppla, da hätte ich doch wohl besser auf die Nachspeise verzichtet!«

Welche Antworten lagen Ihnen spontan mehr am Herzen – a) oder b)? Ich hoffe, Sie haben erkannt, daß es sich bei Antwort b) um humorvolle Kommunikation handelt!

Es ist doch eigentlich ganz einfach, Ihre Kommunikation ein bißchen mit Humor zu würzen, oder nicht? Übertreibungen sind eigentlich immer ein gutes Mittel, um ein Schmunzeln zu ernten. Allerdings dürfen Sie nicht erwarten, daß jeder bei Ihren humorigen Äußerungen in Lachkrämpfe ausbricht. Manches von dem, was Sie humorvoll finden, kann einen anderen intellektuell oder emotional überfordern. Aber wenn Ihr Humor von Herzen kommt, wenn deutlich wird, daß Sie auch über sich selbst lachen können, finden Sie mit Sicherheit einen Draht zu Ihren Mitmenschen.

Um zu einer befriedigenden Kommunikation zu finden, sollten Sie die verschiedenen Kommunikationstechniken immer wieder üben.

Suchen Sie sich dazu einen Freund, eine Bekannte – irgendjemanden, der bereit ist, sich Ihnen als Übungspartner zur Verfügung zu stellen. Diese Übungen können für Sie beide interessant und hilfreich sein.

Die wichtigsten Merkmale guter Kommunikation möchte ich noch einmal zusammenfassen. Beherzigen Sie sie, und Sie gelangen binnen kürzester Zeit zu einem befriedigenderen Umgang mit Ihren Mitmenschen.

Voraussetzungen für eine gute Kommunikation

- Achten Sie darauf, Ihre Gefühle durch verbale und nonverbale Botschaften zu übermitteln.
- Senden Sie »Ich«-Botschaften statt »Du«-Botschaften.
- Erstellen Sie einen »guten Draht« zu Ihrem Gesprächspartner, indem Sie aufmerksam zuhören und Verständnis zeigen.
- Erhöhen Sie Ihre Selbstaufmerksamkeit und versuchen Sie, negative Kommunikationsmechanismen zu erkennen.
- Gewinnen Sie Abstand zu sich selbst, und gestalten Sie Ihre Kommunikation humorvoll.

/ Opfermentalität abschütteln

Wir hatten bereits darüber gesprochen, wie schädlich es sein kann, wenn Sie Ihr Leben darauf gründen, daß Sie sich ausschließlich als Opfer definieren. Damit schränken Sie Ihr Leben ganz bewußt ein. Und nicht nur das, Sie stellen die Weichen für weitere Katastrophen! Stellen Sie sich vor, Sie gehen blind über eine befahrene Straße: Mit großer Wahrscheinlichkeit werden Sie von einem Auto erfaßt. Aber wenn Sie vorher nach rechts und links schauen und eine Lücke abwarten, passiert Ihnen nichts.

Sie sind kein Opfer! Ihre Lebenssituation läßt sich ändern!

Indem Sie sich an Ihre Opferrolle klammern, gehen Sie blind durchs Leben, und es kann Ihnen jederzeit wieder etwas Schreckliches zustoßen. Deshalb ist es so wichtig, daß Sie Ihre Unmündigkeit abschütteln und Ihr Leben selbst in die Hand nehmen. Anstatt in den Erinnerungen der Vergangenheit zu kramen, sollten Sie sich lieber auf Ihre Zukunft konzentrieren.

Sie denken vielleicht, daß es nicht so leicht ist, eine über Jahre gewachsene Einstellung zu ändern. Antworten Sie darum auf folgende Frage: Wer ist Ihrer Meinung nach für Ihre momentane Lebenssituation verantwortlich? Mehrfachnennungen sind möglich.

☐ Ihre Eltern
☐ Ihr(e) Partner(in)
☐ Ihr(e) Ex-Partner(in)
☐ Ihr Chef
☐ Sie selbst
☐ ....
☐ ....

Sollten Sie den letzten Punkt angekreuzt haben, so ist Ihnen bereits etwas Entscheidendes gelungen: Sie haben erkannt, daß nur Sie selbst hier und heute für Ihr Leben verantwortlich sind.

Wenn Sie einen oder mehrere andere Punkte gewählt haben, so sollte Ihnen klar werden, daß Sie sich nach wie vor in Ihrer Opferrolle befinden. Sicher haben Ihre Eltern oder Ihre Partner(innen) Ihr Leben beeinflußt, aber dürfen Sie zulassen, daß sie von Ihrem Leben Besitz ergreifen? Sind Sie selbst nicht die einzige Person, die den Überblick und den Zugriff auf Ihr Leben haben sollte?

Wenn Sie alle Schuld an dem, was in Ihrem Leben nicht so läuft, wie Sie es sich vorstellen, gleichmäßig auf verschiedene außenstehende Personen verteilen, machen Sie es sich zu einfach. Sie allein tragen die Verantwortung für Ihr Leben und für alle Situationen, in denen Sie sich gerade befinden.

Auch wenn die zurückliegenden Ereignisse vielleicht sehr traumatisch waren, darf es nicht sein, daß diese Ihr Leben bis heute bestimmen. Machen Sie sich frei von der Rolle eines hilflosen Opfers, und nehmen Sie Ihr Leben selbst in die Hand!

Humor mit seiner distanzschaffenden Eigenschaft kann dabei eine große Hilfe sein. Wenn Sie sich selbst nicht mehr so wichtig nehmen,

Schuldzuweisungen führen zu nichts.

gelingt es Ihnen eher, die Situation zu entschärfen. Ich möchte mit Ihnen dazu eine kurze Übung machen.

/ **Übung**

● Nehmen Sie ein Blatt Papier zur Hand, und schreiben Sie Ihre Eigenschaften auf, z. B.:

● Ich bin furchtbar schüchtern.
● Ich trete oft ins Fettnäpfchen.
● ....

● Überlegen Sie jetzt, inwiefern Ihre Eigenschaften Sie in mißliche Situationen bringen, und versuchen Sie, das Absurde daran zu entdecken, z. B.:

● Ich komme oft in Situationen, in denen ich kein Wort herausbringe, was meine Mitmenschen stark irritiert.
● Ich habe in Gesellschaft schon oft genau das Falsche zum falschen Zeitpunkt gesagt.
● ....

Entdecken Sie neue Seiten Ihrer Persönlichkeit.

Es gibt wesentliche und einzigartige Aspekte Ihrer Identität, die eine gute Quelle für Humor bilden können. Sie besitzen einzigartige physische, emotionale, intellektuelle und verhaltensbezogene Charaktereigenschaften, die Sie als humorvolle Abweichungen von der Norm ansehen können. Sie haben wie alle Menschen einen ganz eigenen Stil, sich mit der Welt auseinanderzusetzen, Aufgaben zu lösen und Probleme anzugehen. Jeder von uns hat seine eigene, individuelle Lebensgeschichte, die voll ist von besonderen Humorerfahrungen und absurden Erlebnissen. Ihre Abweichung von der Norm sollten Sie nicht nur akzeptieren, sondern stolz auf sie sein. Damit halten Sie eine Goldgrube potentiellen Humormaterials in Händen.

Übung

- Versuchen Sie, drei Aspekte Ihrer eigenen Persönlichkeit anzuführen, die Sie selbst als ungewöhnlich ansehen, z. B.:

- Sie können nicht ohne Zwieback zum Frühstück leben.
- Sie müssen bei traurigen Anlässen immer lachen.
- Sie haben extrem abstehende Ohren.
- ....
- ....

- Überlegen Sie jetzt, wie Sie mit diesen Aspekten humorvolles Material erschließen können, und notieren Sie es sich auf einem Blatt Papier.

Sie sehen, es eröffnen sich unzählige Möglichkeiten, um sich über sich selbst lustig zu machen und auch andere damit zum Lachen zu bringen. Begreifen Sie Ihre Eigenheiten und Besonderheiten als Schatz, der Sie von anderen Menschen unterscheidet und auf den Sie stolz sein können. Schütteln Sie Ihre Erlebnisse aus der Vergangenheit ab, indem Sie sie von außen betrachten. Wenn es schließlich vielleicht auch nichts ist, worüber man sich lustig machen sollte, so können Sie doch Abstand dazu gewinnen und Ihr Augenmerk verstärkt auf Ihre jetzige Situation richten – mit all den Absurditäten, die damit verbunden sind.

Was haben wir also zu diesem Thema herausgefunden? Hier noch einmal die wichtigsten Aspekte:

- Lernen Sie, Ihre Opferrolle abzuschütteln, indem Sie nicht die widrigen Umstände oder andere Personen für Ihr Leben verantwortlich machen.

- Sehen Sie sich selbst und Ihre Situation mit mehr Abstand.
- Erhöhen Sie Ihre Humorfähigkeit, indem Sie sich das Absurde an Ihrem Verhalten und an Ihrer eigenen Person bewußtmachen.
- Versuchen Sie, über sich selbst zu lachen.

Auf diese Weise sollte es Ihnen gelingen, Ihrem Leben einen anderen Sinn zu geben als den des hilflosen Opfers, gefangen in unglücklichen Umständen!

/ Streßverhalten ändern

Streß ist die Geißel unserer heutigen Zivilisation. Wer sich von den beruflichen und privaten Belastungen völlig vereinnahmen läßt, betreibt Raubbau an seiner Gesundheit. Physische und psychische Schäden sind die Folge. Deshalb ist es so wichtig, daß Sie Ihr Streßverhalten dahingehend ändern, daß Sie sich Möglichkeiten schaffen, durch die Sie Streß entweder umgehen oder abbauen können. Ich möchte Ihnen ein paar dieser Möglichkeiten vorstellen.

Streßvermeidungsstrategien

»Beziehungs-Zeiten«

Lassen Sie es gar nicht erst zu stressigen Situationen kommen!

Streitsituationen unter Partnern entzünden sich hauptsächlich während der sogenannten »Übergangs-Zeiten« – besonders abends, wenn man von der Arbeit nach Hause kommt. Es ist daher sinnvoll, daß Sie sich abends nach der Arbeit die Zeit nehmen, um abzuschalten, bevor Sie Ihrem Partner gegenübertreten. Gehen Sie noch ein paar Minuten spazieren, schauen Sie die Post durch, oder schalten Sie auf andere Weise ab. Begrüßen Sie Ihren Partner erst dann, wenn Sie ihm ungeteilte Aufmerksamkeit schenken können.

Haustiere

Es ist zwar nicht jedermanns Sache, aber Haustiere sind eindeutige »Streßkiller«. Studien zu diesem Thema belegen, daß eine Katze zum

Schmusen oder ein Hund zum Streicheln die Streßanfälligkeit deutlich dezimieren. Wer sich Haustiere hält, kann seine Streßbilanz durch das Zusammenleben mit ihnen positiv gestalten.

Humor

Daß Humor eine zentrale Streßvermeidungsstrategie ist, müßte Ihnen an dieser Stelle des Buches bereits klar sein. Wer über eine verfahrene Situation lachen kann, nimmt dem Streß den Stachel. Physiologisch gesehen verbessert das Lachen die Atmung und den Kreislauf, während es die Produktion streßfördernder Hormone unterdrückt. Bei einer Langzeitstudie mit knapp dreihundert Harvard-Absolventen zeigte sich, daß diejenigen, die einen ausgeprägten Sinn für Humor besaßen, Streß besser bewältigen konnten und deshalb auch länger lebten.

Teamarbeit im Arbeitsalltag

Einsamkeit und Isolation sind ein gewaltiger Streßfaktor. Studien haben gezeigt, daß Alleinstehende ein dreimal so großes Risiko haben, frühzeitig zu sterben, wie sozial integrierte Menschen mit festen Partnern und Freundschaften. Dies läßt sich auch auf das Arbeitsleben übertragen. Allein arbeiten kann ein mächtiger Streßfaktor sein.

Suchen Sie deshalb in Ihrem Berufsalltag mehr Zusammenarbeit und Gemeinschaft. Kollegen können Ihnen neue Einsichten vermitteln, Feedback und emotionale Unterstützung geben. Kontakt zu Ihren Kollegen bekommen Sie auf unterschiedlichste Weise. Versuchen Sie z.B. Fahrgemeinschaften zu gründen, oder bilden Sie Projektgruppen.

Streßabbaustrategien

Entspannungsmethoden

Nach jüngsten Befunden der führenden Streßforscher Paul Lehrer, Richard Carr und Robert Woolfolk führen alle Entspannungsmethoden zu einer ganzheitlichen, Körper und Seele aufbauenden Entspan-

Wie Sie den Streß abbauen können.

nungsreaktion. Ob Sie autogenes Training, Meditation oder Yoga bevorzugen, bleibt ganz Ihnen überlassen. Alle unterschiedlichen Entspannungsverfahren haben den gewünschten Effekt. Wählen Sie aus, was Ihnen am meisten zusagt. Kurse werden privat oder auch an der Volkshochschule angeboten. Wenn Sie einen derartigen Kurs belegen, achten Sie darauf, daß Sie die Übungen auch zu Hause fortführen.

No-Streß-Zone

Schaffen Sie sich zu Hause einen »streßfreien« Bereich. Das kann ein bestimmter Teil eines Zimmers sein, ein gemütlicher Sessel, eine Kuschelecke oder sonst ein Ort, an dem Sie sich wohlfühlen. Dieser Platz sollte ganz Ihrer Entspannung und Ihrem Müßiggang vorbehalten sein. Dort können Sie lesen, träumen oder einfach nur Löcher in die Luft starren – ganz nach Belieben.

»Sorgenkiste«

Legen Sie sich eine »Sorgenkiste« zu – z. B. einen Schuhkarton, eine Geschenkbox, eine Zigarrenkiste oder ähnliches. Wenn Sie nachts nicht schlafen können, weil Sie von Sorgen geplagt werden und sich Ihre Gedanken im Kreis drehen, stehen Sie auf und versuchen Sie, Ihre streßverursachenden Sorgen auf ein Blatt Papier zu schreiben. Legen Sie diesen Zettel dann in Ihre Sorgenkiste, machen Sie den Deckel zu und sagen Sie zu sich selbst: »Jetzt nicht! Jetzt ist Ausruhzeit – morgen früh werde ich mich wieder mit diesem Problem beschäftigen.«

Imagination

Schließen Sie für ein paar Minuten die Augen und stellen Sie sich vor, am Ort Ihrer Träume zu sein. Malen Sie sich aus, was Sie dort alles Schönes machen können.

Ein derartiges »mentales« Training kann ein wirksames Entspannungsmittel sein, nicht nur psychisch, sondern auch physisch: Blutdruck und Herzschlag normalisieren sich sofort.

Essen und Kauen

Studien haben gezeigt, daß bei Streß eine kohlehydratreiche Ernährung mit Nudeln oder Kartoffeln einen positiven Effekt auf die Stimmung hat. Wer jetzt Angst hat, dick zu werden, darf beruhigt sein: Schon der alleinige »mündliche Nachvollzug« hat die gleiche Wirkung. Das bedeutet, wenn Sie rhythmisch so kauen, als ob Sie gerade Spaghetti essen würden, können Sie einen ähnlichen Effekt erzielen.

Sie können es also auch mit einem zuckerfreien Kaugummi versuchen, auf dem Sie konzentriert und achtsam kauen. Grundsätzlich ist eine ausgewogene und gesunde Ernährung bei Streß sehr wichtig. Wer unter Streß dazu neigt, sich unvollständig oder ungesund zu ernähren, beraubt sich damit wichtiger Kraftreserven.

Es gibt unzählige Variationen, wie Sie mit Ihrem Streß umgehen können. Versuchen Sie, für sich herauszufinden, mit welcher Methode Ihnen das am besten gelingt. Folgende Punkte sollten Sie als Grundvoraussetzung dabei im Gedächnis behalten:

- Gewinnen Sie Abstand von Ihrer Situation und versuchen Sie, darüber zu lachen.
- Schaffen Sie sich den nötigen Raum und die Voraussetzungen zur Entspannung.
- Achten Sie darauf, daß Sie weder beruflich noch privat in eine Isolation geraten.
- Räumen Sie streßverursachende Faktoren (z. B. schlechte Ernährung, übermäßiger Kaffeegenuß usw.) aus dem Weg.
- Werden Sie achtsamer sich selbst und Ihrer Umwelt gegenüber.

Unter Berücksichtigung all dieser Faktoren sollte es Ihnen ein leichtes sein, den Streß in Ihrem Leben auf das Nötigste zu reduzieren. Sie werden sehen, wieviel Erleichterung Ihnen dies in Ihrem Alltagsleben verschafft!

Ich denke, es ist im Verlauf dieses Kapitels deutlich geworden, welch eine entscheidende Rolle Humor in der Konzeption Ihres Lebens spielt. Verhaltensweisen, die Sie in Ihrem Alltag stören und behindern, lassen sich damit erkennen und auflösen. Die drei wichtigsten Aufgaben des Humors möchte ich noch einmal zuammenfassen:

- **Abstand gewinnen**
  Humor zeigt Ihnen die Absurdität Ihrer Situation und Ihres eigenen Verhaltens auf. Indem Sie darüber lachen, können Sie sich und Ihre Situation aus einer objektiven Entfernung betrachten.
- **Entspannung erreichen**
  Herzhaftes Lachen löst innere Spannungen und unterstützt das Nervensystem durch vermehrte Sauerstoffzufuhr. Sowohl physisch als auch psychisch können Sie so neue Kraft schöpfen.
- **Kontakt herstellen**
  Humor schafft eine Verbindung zu Ihren Mitmenschen. Er bezieht Ihr Umfeld in Ihren emotionalen Prozeß mit ein und stellt eine von Vertrauen und Sympathie geprägte Atmosphäre her.

Humor spielt in unserem Leben eine zentrale Rolle. Lachen schafft Verbindung, Solidarität und Verständnis. Deshalb ist es so wichtig, daß wir unsere Humorfähigkeit entwickeln und ausbauen. Wie dies möglich ist, erfahren Sie im nächsten Kapitel.

Lachen befreit

Sie sind vielleicht der Meinung, daß Sie keinen oder nur sehr wenig Humor besitzen. Das ist kein Grund zum Verzweifeln! Ich hatte es ja bereits erwähnt: Humor kann man lernen.

Es gibt zahlreiche Varianten des Humors, und es gibt natürlich eine ganze Menge unterschiedlicher Komiker: Loriot, Woody Allen, Gerhard Polt, Otto Waalkes, Charlie Chaplin oder Laurel und Hardy – bei uns als Dick und Doof bekannt –, um nur einige wenige zu nennen. Was ist ihnen gemeinsam? Was ist Humor, und was bringt uns zum Lachen? Ist das überhaupt dasselbe?

Humor und Witze machen ist nicht das gleiche, es gehört nicht einmal unbedingt zusammen. Witze provozieren Gelächter, wohingegen Humor eher eine Geisteshaltung ist. Auch humorlose Menschen können über die eine oder andere Art von Witzen, meist aus Schadenfreude, lachen.

Wir wissen: Humor ist die Fähigkeit, Absurdes in unserem Leben zu erkennen. Viele Verhaltensweisen des Menschen laufen absurd, also irrational ab. Sehr häufig richten wir uns dabei nach unserem »Gefühl«, wodurch das Ganze erst richtig absurd wird.

Viele Menschen leiden z. B. unter Flugangst, weil ihnen ihr Gefühl sagt, daß der Mensch lieber am Boden bleiben sollte, weil es unnatürlich ist, daß sich solch ein Jumbo-Jet in die Lüfte erhebt. Sie unternehmen die merkwürdigsten Vorkehrungen, um sich vor einem Flugzeugabsturz zu schützen: Sie fliegen nicht an einem dreizehnten, haben einen Talisman dabei oder trauen sich während des ganzen Fluges nicht auf die Toilette. Dabei ist das Risiko, mit einem Flugzeug abzustürzen, sehr gering. Autofahren ist bedeutend gefährlicher.

Es gibt viele Beispiele für solche absurden Verhaltensweisen. Ich kenne Menschen, die während des Schlußverkaufs in die City gehen, um eine Kleinigkeit zu besorgen, und sich dann über die Menschenmassen aufregen. Ich selbst gehe jedes Jahr am letzten Festsonntag aufs Oktoberfest und bin dann völlig entnervt von dem Getümmel.

Dieser ganz normale Wahnsinn kann natürlich tiefe Depressionen auslösen, und bei vielen Menschen tut er das auch.

Ist Ihr eigenes Verhalten nicht auch manchmal absurd?

Absurd heißt auch widersinnig. Wir befinden uns alle in einer mehr oder weniger absurden Situation. Doch je älter wir werden, um so mehr können wir lernen, uns selbst zu reflektieren und nicht jede Einsicht für universell gültig zu halten. Wir können lernen, unsere eigene Reaktion nicht mit der absoluten Wahrheit zu verwechseln. Darüber hinaus können wir üben, an so gut wie jedem Aspekt unseres Daseins auch die absurde und damit komische Seite zu entdecken.

Ich möchte Ihnen deshalb einige Übungen vorstellen, mit denen Sie Ihre Humorfähigkeit steigern können. Ich stütze mich dabei im Groben auf die Ausführungen des amerikanischen Humorforschers Waleed A. Salameh, wie sie Michael Titze in seinem Buch »Die heilende Kraft des Lachens« schildert.

/ Drei Bausteine des Humors

Bevor wir zu den einzelnen Humortechniken kommen, möchte ich noch einige Grundelemente ansprechen, die bei der Humorbildung zum Tragen kommen.

Das universale Element

Versuchen Sie zunächst einmal, Gemeinsamkeiten zu schaffen. Das bedeutet, daß Sie sich selbst fragen, in welcher Hinsicht Ihre eigenen Erfahrungen denen anderer Personen entsprechen. Dabei sollten Sie auch Ihre eigene Person zum Gegenstand einer humorvollen Betrachtung machen.

Wenn es Ihnen gelingt, das universale Verbindungsstück zu finden, das alle menschlichen Verschiedenheiten ausgleicht, wird Ihr Humor Ihre Mitmenschen auch erreichen. So haben wir beispielsweise alle mehr oder weniger die gleichen Erfahrungen während der Pubertät gemacht. Oder die Freude und den Schmerz der ersten Verliebtheit erlebt. Die Angst vor dem Tod ist auch ein Thema, das uns alle beschäftigt. Solche Gemeinsamkeiten können eine ergiebige Quelle für den Humor sein. Einige Beispiele für solche Verbindungstücke möchte ich ihnen hier vorstellen.

/ **Übung**

Bitte ergänzen Sie:

- **Eigenschaften, die alle Frauen gemeinsam haben:**

....

- **Eigenschaften, die alle Männer gemeinsam haben:**

....

- **Eigenschaften, die alle Mütter gemeinsam haben:**

....

- **Eigenschaften, die alle Väter gemeinsam haben:**

....

Das situationsbezogene Element

Achten Sie sowohl auf die vielen komischen Elemente, die unser Alltagsleben beinhaltet, als auch auf Ihre eigenen Gefühle. Tun Sie dies besonders auch dann, wenn Sie im Kontakt mit Ihren Mitmenschen sind. Welche Faktoren wirken zusammen, die Alltagssituationen den humorvollen Anstrich verleihen? So kann schon Ihre Sorge, nur ja nicht unangenehm aufzufallen, eine Quelle humorvoller Inspiration sein. Überlegen Sie doch einmal, ob nicht gerade jetzt etwas Humorvolles mit Ihnen selbst oder in Ihrer unmittelbaren Umgebung geschieht.

Das individuelle Element

Hierbei geht es um ganz wesentliche und einzigartige Aspekte Ihrer eigenen Identität. Wie wir alle besitzen Sie physische, emotionale, intellektuelle und verhaltensbezogene Charaktereigenschaften, die als humorvolle Abweichungen von der Norm gesehen werden können. Außerdem haben Sie Ihren eigenen Stil und eine eigene, einmalige Lebensgeschichte voll von komischen und absurden Vorfällen. Dies bildet Ihr ganz persönliches Humorpotential. Wichtig ist, daß Sie Ihre individuellen Abweichungen von der Norm akzeptieren und als etwas begreifen, worauf Sie stolz sein können.

Übung

- Überlegen Sie sich einmal drei Aspekte Ihrer Persönlichkeit, die Sie selbst als ungewöhnlich ansehen, und schreiben Sie diese hier auf:

1. ....

2. ....

3. ....

- Überlegen Sie sich dazu gleich, wie Sie diese Eigenschaften zusätzlich hervorheben können, um damit humorvolles Material zu erschließen, und schreiben Sie es auf:

1. ....

2. ....

3. ....

Vier Grundregeln der Humorbildung

Bevor wir mit den Übungen zur Steigerung Ihrer Humorfähigkeit beginnen, sollten Sie diese Grundregeln kennen und beachten:

- Wie bereits erwähnt, können Sie nicht erwarten, daß jeder auf Ihren Humor auch humorvoll reagiert. Vieles von dem, was Sie selbst unterhaltsam finden, kann bei anderen hingegen auf Unverständnis stoßen.
- Humor ist nicht in allen Lebenslagen angebracht. Es ist also wichtig, daß Sie

ein Gefühl dafür entwickeln, wann Humor angemessen ist. Das wiederum setzt eine gewisse Selbstkontrolle und Selbstbeobachtungsfähigkeit voraus.

● Achten Sie darauf, daß Ihr Humor einfach bleibt. Wenn er zu hintergründig, kompliziert oder mehrdeutig sein sollte, wird er bei Ihren Mitmenschen wahrscheinlich wenig Resonanz hervorrufen. Guter Humor zeichnet sich durch Einfachheit und Spontaneität aus.

● Um Erfolg zu haben, bedarf es ständiger Übung. Dies gilt auch für das Training Ihrer Humorfähigkeit. Üben Sie regelmäßig vor einem Spiegel, und benutzen Sie einen Kassetten- oder einen Videorecorder. Üben Sie mit Ihren Freunden und Bekannten. Wenn Sie humorvolle Äußerungen oft wiederholen, wächst Ihr Selbstbewußtsein, das unerläßlich ist, damit sich Ihre Humorfähigkeit steigern kann. Und geben Sie bitte nicht gleich auf, wenn die Leute nicht sofort positiv und voller Begeisterung auf Ihre humorvollen Äußerungen reagieren. Auf lange Sicht werden es sicher alle genießen, daß Sie sich ein stetig wachsendes Potential an Humor erarbeitet haben!

Training der Humorfähigkeit

Unter Berücksichtigung dieser Grundregeln können wir damit beginnen, uns speziellen Techniken zum Erlernen von Humor zuzuwenden. Diese gründen sich auf vier Prinzipien:

Das Prinzip der Übertreibung

Wenn wir einen Sachverhalt übertreiben, dann wird aus einer Mücke ein Elefant. Einfache Tatsachen werden in die Maßlosigkeit der Absurdität aufgebläht. So könnte eine Mutter ihrer Freundin eine anstrengende Haushaltsaktion in folgenden Worten schildern:

»Die Monster wollten natürlich nicht ins Bett gehen. Beide kamen gerade in dem Moment wieder aus dem Kinderzimmer, als ich dabei war, Nudelsuppe in eine Gefriertüte zu füllen. Die Tüte kippte um und explodierte. Mindestens 10 Liter Nudelsuppe ergossen sich auf dem Boden. Die Küche schwamm, der ganze Fußboden war mit Nudeln bedeckt, die Kinder haben geschrien und ich gebrüllt. Ein entsetzliches Chaos!«

/ Üben Sie sich in Übertreibungen
- **Ihr Rendezvous ist leider völlig fehlgeschlagen. Berichten Sie darüber.**
- **Sie haben sich mit Ihrer vorschnellen Art in eine peinliche Situation gebracht. Schildern Sie den Sachverhalt.**

Das Prinzip der Inkongruenz

Zwei Sachverhalte, die offensichtlich nichts miteinander zu tun haben, werden in Zusammenhang gebracht.

Der folgende Witz entstand, indem zwei voneinander unabhängige Sachverhalte miteinander kombiniert wurden: a) die Diskussion über die Erhöhung des Benzinpreises, b) Alkohol am Steuer. Aus der Verbindung von a) und b) entstand dann folgendes:

Ein völlig betrunkener Autofahrer wird von der Polizei angehalten. Auf die Frage der Polizisten, warum er denn in diesem Zustand noch Auto gefahren sei, lallt der Betrunkene empört: »Ich hab' jetzt für 50 Mark getankt, aber ich bin immer noch nicht voll!«

/ Übung
- **Probieren Sie einmal selbst, einen Witz zu entwickeln. Beachten Sie das Drei-Schritte-Schema:**
- **1. Sachverhalt a)**

....
- **2. Sachverhalt b)**

....
- **3. Ihr Witz a) + b)**

....

Das Prinzip der Untertreibung

Hier werden aus Riesen Zwerge: Bedeutsame Ereignisse werden bewußt auf ein geringes Maß reduziert. Dazu einige Beispiele:

- »Die Woche fängt ja gut an«, sagte der zum Tode Verurteilte, als man ihn am Montag früh zum Galgen führte.
- Wenn Sie einen Mord begehen, denken Sie bitte daran, daß Blut scheußliche Flecken hinterläßt!
- Eine Scheidung am Morgen kann Ihnen den ganzen Tag ruinieren.

> **/ Üben Sie untertreiben**
> - **Lassen Sie sich für die folgenden Beispiele Untertreibungsmöglichkeiten einfallen:**
> - **Faulheit ist:**
>   ....
> - **Geister sind:**
>   ....
> - **Eine schwere Krankheit ist:**
>   ....

Das Prinzip der Umkehrungen

Umkehrungen gründen sich auf Abweichungen von selbstverständlichen Normen. Manche Gegebenheiten nehmen wir als eindeutig definiert wahr. Wenn wir die uns vertraute logische Sphäre verlassen, erhalten diese Gegebenheiten eine Bedeutung, die zwar von der Norm abweicht, ohne dabei jedoch völlig absurd zu wirken. Der ursprüngliche Bedeutungszusammenhang wird nicht vollständig aufgelöst, sondern nur relativiert, so daß das Ganze akzeptabel bleibt.

Unter dieser Voraussetzung entsteht ein Humoreffekt, der uns zum Lachen bringt. Der Trick bei diesen Umkehrvorgängen besteht darin, daß Sie ein Gespür dafür entwickeln, im richtigen Moment in die Bedeutungsschleife einzusteigen. Das hört sich zwar jetzt furchtbar kompliziert an, ist aber eigentlich ganz einfach. Dazu einige Beispiele:

- Ich frage mich beständig, ob es ein Leben nach dem Tod gibt, und wenn es eins gibt, werden sie in der Lage sein, einen Zwanziger zu wechseln? (Woody Allen)
- Ich möchte ein Anarchist sein, aber niemand sagt mir, welche Regeln ich dabei befolgen muß.
- Wer ordentlich ist, ist nur zu faul zum Suchen.
- Warum tötet der Mensch? Er tötet, um zu essen. Und nicht bloß, um zu essen, oft muß es auch was zu trinken sein. (Woody Allen)
- Wer brüderlich teilt, hat die Schwestern vergessen.

Damit haben Sie einige anschauliche Anregungen bekommen, wie das Prinzip der Umkehrung funktioniert. Versuchen Sie es jetzt selbst einmal und bilden Sie Ihre eigenen Bedeutungsschleifen:

/ **Übung**
- **Ein Heuchler ist jemand, der**

....

- **Wer viel ißt, der**

....

- **Kommunismus ist eine andere Form von**

....

- **Natürlich gibt es Außerirdische, sie**

....

- **Der Unterschied zwischen reich und arm ist**

....

Diese vier Prinzipien lassen sich eigentlich immer anwenden, wenn Sie humorvolle Äußerungen entwickeln möchten. Deshalb ist es wichtig, daß Sie sie verstehen und sich darin üben, sie umzusetzen.

Techniken der Humorbildung

Um Ihr Gespür und Ihren Sinn für Humor zu entwickeln und zu schärfen, möchte ich Ihnen einige Techniken vorstellen, die Ihnen dabei nützlich sein können.

Das Kind in uns wiederfinden

Wir alle haben es nötig, das verspielte, lustige Kind in uns wiederzuentdecken, denn es kann uns dabei helfen, die Widrigkeiten des Erwachsenenlebens besser zu ertragen.

Denken Sie an Ihre Kindheit zurück, und versuchen Sie, sich in Erinnerung zu rufen, wie unbeschwert Sie damals durchs Leben gegangen sind. Beobachten Sie Ihre eigenen Kinder oder Kinder Ihrer Freunde, und versuchen Sie, deren Lebensfreude nachzuempfinden. Suchen Sie ein Kinderbild, am besten eines von Ihnen selbst, und stellen Sie es an einem für Sie gut sichtbaren Ort auf.

Positive Energie tanken

Suchen Sie sich ein Foto neueren Datums, auf dem Sie fröhlich lachend abgebildet sind. Falls Sie keines besitzen, machen Sie eines mit einer Polaroidkamera oder in einem Paßfotoautomaten. Betrachten Sie dieses Bild mehrmals am Tag mit konzentrierter Aufmerksamkeit.

Neue Wortschöpfungen

Üben Sie sich darin, neuartige Wortgebilde zu formen, die in keinem Wörterbuch zu finden sind. Zum Beispiel »Schreckse« (besonders schreckliche Hexe) oder »sexen« (Liebe machen). Sie können auch Wörter erfinden, deren Bedeutung nur Sie allein kennen.

Eine Möglichkeit, sich in dieser Art der Wortschöpfungen zu üben, besteht darin, ein Wörterbuch einfach an irgendeiner Stelle aufzuschlagen, sich die dort aufgelisteten Wörter anzusehen und dazu humorige Ableitungen zu bilden.

Übung
- Bilden Sie eine humorige Ableitung des Wortes »Einkaufs-zentrum«.
- Erfinden Sie ein sinnloses Wort mit einer nur Ihnen bekannten Bedeutung.

Sich auf komische Ereignisse besinnen

Versuchen Sie, sich jeden Abend an etwas zu erinnern, das an diesem Tag besonders lustig und erheiternd war. Dies können Sie in Ihrem Notizbuch vermerken und später Ihren Freunden vorlesen.

Absurdes erkennen

Wir haben in diesem Buch schon öfter davon gesprochen, wie wichtig es ist, Ihren Sinn für das Absurde zu schärfen. Wenn Sie Absurditäten als Frage formulieren, treten diese sogleich viel offensichtlicher zutage. Solche Fragen provozieren fast automatisch humorvolle Antworten. Zwei Beispiele für solche Fragen:
- Warum können Männer nicht im Sitzen pinkeln?
- Wieso geht immer bei meiner Kassenschlange im Supermarkt die Kassenrolle aus?

Den Sinn für Humor schärfen

Sammeln Sie Humor! Bitten Sie Ihre Freunde und Bekannten, Ihnen ihren Lieblingswitz zu erzählen. Fragen Sie nach lustigen Alltagserlebnissen, nach lustigen Büchern, die sie gelesen haben, den besten komischen Filmen usw.

Lachen über sich selbst

Überlegen Sie sich, welche Ihrer Probleme, störenden Verhaltensweisen, unvorteilhaften Aspekten, Zwängen und Ängsten Sie übertreiben, überspannen oder ironisieren können. Schreiben Sie sich diese Dinge auf. Vielleicht stellen Sie schon beim Niederschreiben fest, wieviel Spaß es machen kann, auf diese Weise Dampf abzulassen. Sie können so zu einer anderen Sichtweise der Dinge finden und vielleicht sogar Erkenntnisse gewinnen, die Sie persönlich weiterbringen.

Übung
- Suchen Sie für die folgenden Beispiele nach humorvollen Antworten, die einen deutlichen Ich-Bezug haben:

- Drei Möglichkeiten, wie es mir garantiert gelingt, durch das Examen zu fallen.
- Drei Tips, wie ich es schaffe, mit Sicherheit meinen Job zu verlieren.
- Drei meiner Lieblingsängste, ohne die ich auf keinen Fall leben kann.
- Drei Möglichkeiten, meinen Partner in die Arme eines anderen zu treiben.
- Drei meiner allerschrecklichsten äußeren Mängel.
- Drei Gründe, warum es klar ist, daß ich ein Versager bin.
- Drei fixe Ideen, die ich mir unbedingt bewahren will, um mein Leben nicht ändern zu müssen.
- Drei Verhaltensweisen, mit denen ich mich garantiert unbeliebt machen kann.

Lustige Überschriften erfinden

Nehmen Sie einen Bildband, einen Kunstkatalog oder eine privates Fotoalbum zur Hand. Lassen Sie sich für jedes Bild eine humorvolle Überschrift einfallen. Das gleiche können Sie auch mit Abbildungen in Zeitungen oder Zeitschriften machen.

Karikaturen erstellen

Sie müssen gar nicht besonders gut zeichnen können, Karikaturen anzufertigen ist trotzdem

ein hervorragender Weg, die eigene Humorfähigkeit zu trainieren. Es gibt dabei verschiedene Möglichkeiten:

Übungen
- Schneiden Sie Cartoons aus Illustrierten und Zeitschriften heraus. Überpinseln Sie die Sprechblasen mit Tipp-Ex, und versehen Sie die Zeichnungen mit neuen Dialogen.
- Zeichnen Sie Ihre eigenen Karikaturen. Sie können sowohl reale Situationen aus Ihrem Alltagsleben festhalten, als auch etwas aus Ihrer Phantasie darstellen. Überlegen Sie sich Situationen, die Sie besonders komisch finden. Die Qualität der Zeichnungen ist nebensächlich, Hauptsache es macht Ihnen Spaß!
- Versuchen Sie, eine Serie von Cartoons zu zeichnen, die sich auf Szenen aus Ihrem Leben beziehen. Fangen Sie bei Ihrer Kindheit an, und setzen Sie die Serie fort bis zu Begebenheiten aus Ihrem jetzigen Leben.
- Karikieren Sie sich selbst. Zeichnen Sie Karikaturen, die persönliche Eigenschaften von Ihnen bewußt übertreiben.
- Erstellen Sie eine humorige Collage, indem Sie Wort- und Bildmaterial aus verschiedenen Zeitschriften verwenden.

Humorstammtisch

Organisieren Sie mit Freunden, Kollegen oder sonstigen Bekannten einen »Stammtisch zur Pflege des Humors«, der regelmäßig stattfindet und sich in praktiziertem Humor übt. Sie können so einen Abend folgendermaßen gestalten:

- Erzählen Sie sich gegenseitig Witze, und tauschen Sie sich darüber aus, welche Erfolge jeder einzelne in seiner Praxis des gelebten Humors verbuchen konnte.
- Berichten Sie von peinlichen und komischen Situationen, die Sie in der Vergangenheit erlebt haben, ohne diese dabei zu

bewerten. Wenn man sich gegenseitig innerhalb der Gruppe augenzwinkernd über Peinlichkeiten und beschämende Ereignisse informiert, entsteht dadurch ein Zusammengehörigkeitsgefühl. Dies ermutigt die anderen, weniger gehemmt und kontrolliert zu sein. Denn so wird deutlich, daß wir alle unvollkommen sind und uns deswegen nicht zu schämen brauchen.

- Fertigen Sie in der Gruppe gemeinsam humorige Collagen an.
- Experimentieren Sie mit komödienhaften Darbietungen wie z. B. Dialogen, Pantomimen oder Elementen des Stegreiftheaters.
- Spielen Sie gemeinsam Gesellschaftsspiele, bei denen der humorige Effekt im Vordergrund steht, wie z. B. »Activity«.
- Gehen Sie gemeinsam in lustige Filme, Theateraufführungen oder Kabarettstücke.

Humorige Versprecher

Unser Unbewußtes kann manchmal die lustigsten Dinge hervorbringen. Denken wir an die vielen Versprecher bzw. «Freudschen Fehlleistungen«, die sich über den Tag ereignen! Abends können Sie sich die Zeit nehmen, die komischsten Versprecher zu Papier zu bringen, die Ihnen selbst oder Ihren Mitmenschen passiert sind.

Humor wichtig nehmen

Wenn wir einen echten Sinn für Humor entwickeln wollen, müssen wir uns täglich bewußt auf humorvolle Erfahrungen einstellen. Das bedeutet, wir müssen in dieser Hinsicht unsere Sinne schärfen. Gleichzeitig sollten wir uns auch die verschiedenen Quellen zunutze machen, die uns bei der Entwicklung unserer Humorfähigkeit behilflich sein können. Das sind:

- humorvolle Bücher, z. B. von Ephraim Kishon oder Loriot
- komische CDs, Kassetten oder Videos
- witzige Zeitschriften, z. B. »Titanic« oder »Eulenspiegel«
- Kabarettisten, Clowns
- humorvolle Beiträge im Kino, Fernsehen oder Theater

- Humororganisationen, z. B. Karnevalsvereine
- Kinder. Das können Ihre eigenen sein oder auch die Ihrer Verwandten oder Freunde – Hauptsache, Sie verbringen mehr Zeit mit ihnen. Kinder besitzen ein unverfälschtes Wahrnehmungsvermögen für alles, was komisch ist. Das wirkt ansteckend. Außerdem entwickeln Kinder soviel Lebensfreude, daß es Ihnen nur gut tut, wenn Sie sich davon eine Scheibe abschneiden!

Humor statt Ernst

Betrachten Sie doch einmal Ihr Alltagsleben, ist die Stimmung dabei nicht unheimlich wichtig und ernst? Die Bedeutung der ernsten Seite des Lebens wird viel zu sehr überbetont. Viele unter uns fürchten sich geradezu, einmal aus sich herauszugehen und ihre Zurückhaltung aufzugeben. Wenn Sie Ihre Umgebung mit Ihrem Humor erfreuen wollen, müssen Sie auf diese Ernsthaftigkeit nahezu vollständig verzichten. Sie ermutigen mit Ihrem »Humorsignal« diejenigen, mit denen Sie täglich umgehen, und regen sie dazu an, ebenfalls mehr aus sich herauszugehen.

Sich fit halten mit Humor

Nehmen Sie sich jeden Tag mindestens zehn Minuten Zeit für Ihr humoriges Konditionstraining. Beginnen Sie mit einer morgendlichen Lachübung, indem Sie ein paar Seiten in einem Witzbuch lesen oder sich eine lustige Kassette anhören. Denken Sie dabei auch an komische und absurde Ereignisse, die Ihnen kürzlich zugestoßen sind. Stellen Sie sich vor einen Spiegel und schneiden Sie Grimassen. Versuchen Sie, herzhaft zu lachen. Tun Sie dies, ohne sich zu genieren und ohne dabei an den Ernst des Lebens zu denken. Bald wird sich wie von selbst ein Reflexlachen einstellen. Auch abends vor dem Zubettgehen sollten Sie noch mindestens einige Seiten in einem lustigen Buch lesen.

Wie Sie sehen, gibt es einige Möglichkeiten, seine Humorfähigkeit zu trainieren. Grundsätzlich ist es ja nicht so, daß Sie als völlig humorloser Mensch auf die Welt gekommen sind. Auch Sie waren einmal ein Kind, und in Ihrem Leben gab es bestimmt schon viele Anlässe, bei denen Sie herzlich lachen konnten. Sie können aus eigener Kraft solche humorvollen Stimmungen zurückholen, indem Sie sich auf Ihre Vorstellungskraft besinnen. Dazu möchte ich Ihnen einige Übungen vorstellen, wiederum angelehnt an Waleed A. Salameh, mit denen Sie zu Ihrem Unterbewußtsein und damit auch zu Ihrer Vorstellungskraft vordringen können.

/ Entspannungs- und Imaginationsübungen

Es gibt ein Gebiet, auf dem Sie wirklich Experte sind: das Gebiet Ihrer Vorstellungskraft. Haben Sie nicht auch Tagträume und Phantasien? Sehen Sie! Wir wollen nun gemeinsam darangehen, die Quellen dieser Imagination zu erschließen, damit Sie Ihre humorvollen Schätze aus den Tiefen Ihres Unterbewußtseins heben können.

Mit Entspannung und Phantasie gelangen Sie zu mehr Humor.

Üben können Sie dies immer dann, wenn Sie Auftrieb brauchen oder sich positive Humorerfahrungen aus der Vergangenheit ins Gedächnis rufen wollen, Ihre Flexibilität und Ihr Selbstvertrauen verbessern möchten und wenn Sie sich entspannen wollen, um den alltäglichen Streß hinter sich zu lassen.

Imaginationsübungen

Suchen Sie sich einen ruhigen Platz und nehmen Sie eine bequeme Haltung ein. Entspannen Sie sich, und beginnen Sie, ganz bewußt zu atmen. Schließen Sie Ihre Augen, und stellen Sie sich vor, daß Sie in einem Boot auf dem Meer treiben. Die Sonne brennt vom Himmel, das Meer ist ruhig und klar, und von weitem sehen Sie am Strand Palmen, die sich leicht im Wind wiegen.

Atmen Sie den Salzwassergeruch ein, während das Boot sanft auf den Wellen schaukelt. Achten Sie darauf, wie Entspannung und Harmonie beginnen, sich in Ihrem Körper auszubreiten. Lauschen Sie dem leisen Plätschern der Wellen, genießen Sie das türkisblaue Wasser und die Stille, die Sie umgibt.

Zählen Sie nun rückwärts von zehn bis eins. Spüren Sie, wie Sie sich zunehmend entspannter fühlen, wenn Sie diese Zahlenreihe entlanggehen. Zählen Sie nun von eins bis fünf, um dann wieder Ihre Augen zu öffnen. Eins – zwei – drei – vier – fünf: Sie befinden sich wieder in der Realität, zurück von Ihrem Ausflug in das Reich der Imagination.

Jetzt können Sie es mit einem weiteren Vorstellungsbild versuchen: Schließen Sie wieder Ihre Augen. Stellen Sie sich vor, Sie gehen während der Frühstückspause in ein Café. Kaffeeduft empfängt Sie, und vor Ihnen steht ein köstlicher Milchkaffee. Sie tunken den Löffel in den feinen Milchschaum und lecken ihn ab.

Als Sie sich wieder umblicken, sehen Sie, daß das Café nicht von Menschen, sondern von Tieren bevölkert ist. Dicke Elefanten sitzen auf den zierlichen Stühlen und verschlingen Unmengen von Sahnetorte. Ein großer Braunbär hat sich hinter einer Zeitung vergraben und raucht eine Zigarre. Kleine Äffchen mit weißen Häubchen huschen zwischen den Tischen herum und tragen Tabletts mit Getränken vor sich her. Ein großer Papagei sitzt auf dem Tresen und krächzt Bestellungen in die Küche.

Sie schütteln den Kopf und sehen noch einmal genauer hin. Da verwandeln sich die Äffchen in Pinguine, die in ihrem Frack ernsthaft umherschreiten und eine Serviette über dem Arm haben. Noch einmal schütteln Sie den Kopf, und jetzt sehen Sie, wie die Tiere anfangen, ein Ballett zu tanzen, wobei sie fröhlich in Ihre Richtung lächeln und winken. Nachdem Sie diese Imagination ausreichend ausgekostet haben, zählen Sie wieder von eins bis fünf, öffnen die Augen und kehren in die Realität zurück.

Für die nun folgenden Übungen brauchen Sie einen Kassettenrecorder, auf den Sie den Text sprechen können. Sprechen Sie dabei ruhig und ohne Aufregung.

Entspannungsübung

Sie sitzen auf Ihrem Stuhl in Ihrem Zimmer. Ihre Augen sind geschlossen. Ihre Arme sind schwer. Ihre Füße versinken schwer im Boden. Atmen Sie langsam ein … und wieder aus … ein … und aus. Entspannen Sie sich mehr … und mehr … und mehr … und mehr. Fangen Sie *jetzt* an, sich einem tiefen, langsamen, freien Atmen hinzugeben. Entspannen Sie jeden Muskel, jedes Organ, jede Sehne, jede Zelle, jeden Nerv, jede Vene, jede körperliche Funktion – alles entspannt sich immer mehr, und Sie atmen immer entspannter und langsamer. Ziehen Sie die Luft beim Einatmen durch die Nase, und lassen Sie sie beim Ausatmen langsam durch den Mund entweichen.

Zählen Sie nun langsam rückwärts von zehn bis eins. Spüren Sie, wie sich ein beruhigendes Gefühl von Entspannung in Ihrem ganzen Körper ausbreitet. Spüren Sie nach, wie entspannt Ihr Körper ist: Beginnen Sie bei Ihrer Stirn, dann die Augen, die Ohren, die Nase, der Mund, der Nacken, die Schultern, die Brust, der Magen, der Bauch, die Arme, die Hände und schließlich die Beine bis hinunter zu den Füßen und Zehen. Zehn – neun – acht – sieben – sechs – fünf – vier – drei – zwei – eins: Sie sind jetzt körperlich und geistig entspannt.

Humorvolle Situationen aus der Vergangenheit nachempfinden

In Ihrem Unterbewußtsein befinden sich zahlreiche positive Erfahrungen aus der Vergangenheit. Sie warten nur darauf, von Ihnen wiederbelebt zu werden. Das geht ganz einfach: Sie müssen gedanklich in Ihrem Leben ein Stück zurückgehen, bis Sie in einer Zeit und an einem Ort angelangt sind, wo Sie Erinnerungen finden, die positiv und erfrischend sind.

Nutzen Sie die Kraft der Erinnerung.

Ich bin sicher, daß es Ihnen gelingt, sich vorzustellen, wie auf einer Kinoleinwand ein komisches Ereignis aus Ihrem Leben dargestellt wird. Versuchen Sie sich besonders an solche spaßigen Ereignisse zu erinnern, die Sie schon immer sehr geschätzt haben, weil Sie darüber lachen mußten. Lassen Sie sich einen Moment Zeit dafür, bis Sie die Erinnerung ganz deutlich auf Ihrer Leinwand vor sich sehen. Versetzen Sie sich an den Ort zurück, in die Zeit und in die Gefühle, die Sie damals hatten. Nehmen Sie sich dafür genug Zeit.

Achten Sie besonders auf die Einzelheiten: Wie alt sind Sie? Wie sind Sie angezogen? Was haben Sie und andere Beteiligte gesagt? Versuchen Sie, sich an alles zu erinnern, was an diesem Ereignis komisch und lustig war. Versuchen Sie, in diesem Moment die Gefühle, diese glücklichen, erfrischenden Gefühle, die mit dieser Erinnerung zusammenhängen, nachzuempfinden und wiederzubeleben. Nehmen Sie sich für diesen Genuß einige Minuten Zeit.

Spüren Sie, wie sich Freude und Heiterkeit in Ihrem Inneren ausbreitet. Vertrauen Sie diesen Informationen aus Ihrer inneren Bilderwelt, denn die Gefühle, die in Ihrer Erinnerung lebendig sind, sind die Energie Ihres Lebens.

Zählen Sie jetzt bis fünf: eins – zwei – drei – vier – fünf. Öffnen Sie Ihre Augen und kehren Sie wieder in die Wirklichkeit zurück. Merken Sie, wie erfrischt und entspannt Sie sich fühlen? Und fühlen Sie sich nicht auch viel heiterer und fröhlicher als zuvor? Merken Sie, wieviel mehr Energie Sie jetzt haben? Seien Sie ganz im hier und jetzt, wach und aufmerksam, und spüren Sie Ihren glücklichen Gefühlen nach.

Die Aussöhnung mit negativen Kindheitserfahrungen

Humorvolle Erfahrungen können Ihnen dabei helfen, sich mit den tragischen Aspekten Ihrer Lebensgeschichte auszusöhnen. Die vorangegangene Übung ist eine Voraussetzung dafür. Deshalb sollten Sie sie jeden Tag üben. Denn erst nachdem es Ihnen gelungen ist, eine heitere Grundstimmung hervorzurufen, können Sie auf Ihrer inneren Projektionsleinwand eine negative Kindheitserinnerung erscheinen lassen. Versuchen Sie, diese negativen Gefühle nachzuempfinden. Versuchen Sie auch, sich der tragischen Umstände, die mit dieser Erinnerung verbunden sind, in allen Details zu erinnern. Wenn Sie dies geschafft haben, konzentrieren Sie sich auf folgende Anweisungen:

Lassen Sie auf Ihrer inneren Leinwand der Imagination wieder jene glückliche und humorvolle Erfahrung erscheinen, die Sie vor einigen Minuten aufleben ließen.

Achten Sie nun darauf, wie diese humorvollen, glücklichen Gefühle eng mit der positiven Erfahrung verbunden sind. Spüren Sie, wie Sie es schaffen, durch eine Änderung Ihrer Vorstellung sich von Schmerz und negativen Gefühlen zu befreien – einfach dadurch, daß Sie eine humorvolle Erfahrung auf Ihre innere Leinwand zurückbringen. Dies können Sie jederzeit tun, wann immer Sie es wünschen. Positive Erfahrungen zurückzuholen ist eine konstruktive Quelle Ihres Selbstwertgefühls. Es gelingt Ihnen damit, sich erfolgreich mit vergangenen oder gegenwärtigen Verletzungen auseinanderzusetzen.

Bringen Sie jetzt ganz langsam Ihre tragische Erinnerung auf Ihre innere Leinwand zurück. Nehmen Sie sich dafür Zeit.

Wenn die entsprechende Situation ganz klar deutlich wird, kneifen Sie Ihre Augenlider fest zusammen, um sie gleich darauf so weit wie möglich zu weiten und dann wieder in die normale Position zu bringen. Wenn Sie Ihre Augenlider zum zweiten Mal fest zusammenkneifen, wird Ihre humorvolle Erfahrung automatisch auf Ihrer inneren Leinwand erscheinen. Sie werden spüren, wie sich ein Gefühl von Entspannung, innerer Zufriedenheit, Unbeschwertheit und Freude auszubreiten beginnt. Dies gelingt Ihnen einfach dadurch, daß Sie die Augenlider fest zusammenkneifen, um sie danach so weit wie möglich zu weiten und wieder in die normale Position zu bringen.

Zählen Sie nun wieder bis fünf. Eins – zwei – drei – vier – fünf. Öffnen Sie jetzt wieder Ihre Augen.

So beleben Sie in Ihrer Imagination Ihre Humor-Erfahrung. Erinnern Sie sich an diese Technik jederzeit, wenn Sie sie brauchen – wenn Sie aufgeregt, traurig oder unglücklich sein sollten.

Die Befreiung von negativen Gedanken
Der folgende Text soll Ihnen dabei helfen, negative Denkmuster aufzulösen, um sie durch positivere und humorvollere Botschaften zu er-

setzen. Beginnen Sie dazu mit der Entspannungsübung, die bereits oben beschrieben wurde. Anschließend konzentrieren Sie sich auf folgende Anweisung:

Negative Gedanken lassen sich löschen.

Stellen Sie sich vor, daß in Ihrem Inneren, in Ihrem Kopf, ein Kassettenrecorder läuft, der verschiedene Bänder mit unterschiedlichen Berichten über Ihr Leben abspielen kann. Nehmen Sie sich fünf bis zehn Sekunden Zeit, um sich diesen Kassettenrecorder in Ihrem Kopf vorzustellen. Und nun stellen Sie sich etwa fünf Sekunden lang zwei Kassetten vor, die direkt neben dem Recorder liegen.

Jede dieser Kassetten enthält einen anderen Text. Sie nehmen die erste Kassette, legen sie ein, und beginnen, sie abzuspielen.

Sie vernehmen die gewohnte Stimme Ihrer Mutter, Ihres Vaters oder einer anderen wichtigen Bezugsperson aus Ihrer Kindheit. Hören Sie, wie diese Stimme Ihnen altbekannte Botschaften mitteilt: Botschaften mit beschämendem Inhalt. Diese Stimme macht Ihnen Vorhaltungen, beschimpft Sie, wirft Ihnen all das an den Kopf, was Sie falsch gemacht haben. In dieser Stimme kommt die ganze Verachtung zum Ausdruck, unter der Sie in Ihrer Kindheit so sehr gelitten haben.

Stellen Sie sich nun zur Stimme das passende Gesicht vor – stellen Sie sich dieses harte, versteinerte, wütende Gesicht vor. Konzentrieren Sie sich jetzt auf den bösen Blick der Augen. Stellen Sie sich nun vor, wie die Stimme immer leiser wird und wie das Gesicht immer mehr verblaßt. Lassen Sie sich dafür wieder Zeit.

Das Tonband läuft weiter. Sie vernehmen eine andere Stimme. Es ist die Stimme einer Person, die gegenwärtig einen negativen Eindruck auf Sie ausübt. Hören Sie, wie auch diese Person beschämende Aussagen über Sie macht. Stellen Sie sich auch dabei das verächtliche Gesicht vor, das die Person dabei macht. Nun wird auch diese Stimme immer leiser, und das Gesicht verblaßt innerhalb weniger Sekunden.

Das Tonband läuft immer noch weiter. Jetzt vernehmen Sie die Stimme, die Ihnen am vertrautesten ist: Sie hören Ihre eigene Stimme.

Sie hören, wie Ihre eigene Stimme eine Menge trübsinniger und bedrückender Aussagen über Sie macht. Ihre Stimme wiederholt die schlimmsten negativen Selbstbeurteilungen, die Sie seit langem als fixe Ideen quälen und belästigen. Diese Gedanken sind Ausdruck aller Verletzungen, die Sie in Ihrem Leben erlitten haben. Durch diese Gedanken verletzen Sie sich aber selbst! Beschäftigen Sie sich etwa zwanzig Sekunden damit.

Diese negativen Aussagen, die Ihre innere Stimme von sich gibt, kennen Sie sehr gut, weil dies die Gedanken sind, die Sie in der Vergangenheit immer in Ihrem Kopf hatten. Indem Sie dies zugelassen haben, haben Sie sich selbst unglücklich gemacht. Deshalb ist es jetzt an der Zeit, dieses Band in Ihrem inneren Kassettenrecorder ein für allemal zu entfernen. Machen Sie sich klar, daß Sie dieses Band überhaupt nicht brauchen! Was Sie jetzt tun müssen, ist, dieses Band mit einer einfachen Handbewegung zu löschen. Sie brauchen nur Ihren rechten Zeigefinger auf Ihren Bauchnabel zu drücken: Dort ist der Bedienungsknopf, mit dem alle negativen und selbstschädigenden Botschaften gelöscht werden können. Löschen Sie diese sinnlosen negativen Gedanken, die Ihnen das Leben schwermachen, einfach aus!

Nachdem Sie Ihre Vorstellungswelt von diesem negativen Ballast befreit haben, sehen Sie einen klaren blauen Himmel vor sich. Jetzt nehmen Sie die zweite Kassette, die neben Ihrem Recorder liegt und legen Sie ein. Sie vernehmen angenehme Stimmen, Stimmen von Menschen, die Sie mögen und die es immer gut mit Ihnen gemeint haben. Diese Menschen machen positive Aussagen über Sie. Sie erwähnen all das, auf das Sie wirklich stolz sein können. Sie wiederholen alle positiven Aussagen über das, was Sie in Ihrer Vergangenheit schon alles zustande gebracht haben.

So verstärken Sie positive Gedanken.

   Die Stimmen sind angenehm und beruhigend. Sie erzählen Gutes über Sie, sie erzählen von Dingen, die Ihnen guttun und die Sie glücklich machen. Etwa fünfzehn Sekunden lang spricht jede dieser Stimmen positiv über Sie. Stellen Sie sich jetzt das freundliche Gesicht vor, das zu dieser Stimme gehört. Veranschlagen Sie dafür zwanzig Sekunden, dann wird auch diese Stimme leiser, das Gesicht verblaßt.

Das Tonband dreht sich weiter. Sie vernehmen jetzt die Stimme Ihres besten Freundes oder Ihrer besten Freundin. Sie sehen sein oder ihr freundlich lächelndes Gesicht, und Sie spüren die Zuneigung und Wertschätzung, die Ihnen dieser Mensch entgegenbringt. Seine oder ihre Stimme erzählt Positives über Sie. Sie freuen sich darüber, weil es die Freundschaft, die Sie mit diesem Menschen verbindet, bestätigt. Stellen Sie sich dies fünfzehn Sekunden vor.

Das Tonband läuft immer noch weiter. Sie hören wieder Ihre eigene Stimme. Diesmal berichtet sie von allem, was an Ihnen, an Ihrem Äußeren, an Ihren Leistungen, an Ihrem Leben so positiv ist. Ihre Stimme zählt alles auf, was Sie schon immer an sich mochten: Ihre Talente, Ihre Fähigkeiten und Ihr Können.

Diese Aussagen erfüllen Sie mit einem tiefen Gefühl der Befriedigung und Befreiung. Während das Band weiterläuft, sehen Sie Situationen auf Ihrer inneren Leinwand, in denen Sie selbst im Mittelpunkt standen. Sehen Sie Ihr eigenes glücklich lächelndes Gesicht, und blicken Sie in Ihre strahlenden Augen. Sie fühlen sich stark und heiter und sind bereit, alles in Angriff zu nehmen, was das Leben noch für Sie bereithält. Sie wissen jetzt, daß Sie es schaffen werden. Sie sind stolz auf sich. Es wird Ihnen bewußt, wie gut und wichtig es ist, daß Sie auf der Welt sind. Widmen Sie diesen Gedanken zehn Sekunden. Zählen Sie nun bis fünf und kommen Sie wieder in die Realität zurück: Eins – zwei – drei – vier – fünf.

Spüren Sie den positiven Stimmen in Ihrem Kopf nach und achten Sie darauf, daß sie nicht verstummen. Werden Sie sich fortan immer mehr der Tatsache bewußt, daß ein positives Band in Ihrem Inneren abläuft und es jederzeit von Ihnen abgehört werden kann.

Ich hoffe, Sie konnten bei diesen Übungen feststellen, wie gut wir uns selbst kraft unserer Imagination beeinflussen können. Auch wenn es vielleicht am Anfang Überwindung kostet und man sich etwas geniert, selbst eine Kassette zu besprechen oder sich ganz seiner Vorstellung hinzugeben, ist der Effekt doch so positiv, daß es sich lohnt, diese Scheu zu überwinden!

/ Partnerübungen

In der Partnerschaft sind Sie besonders auf die Entwicklung Ihrer Humorfähigkeit angewiesen. Deshalb möchte ich Ihnen einige Übungen vorschlagen, die Sie gemeinsam mit Ihrem Partner machen können.

Lernen Sie gemeinsam mit Ihrem Partner mehr Humor.

Die Spiegelübung

Setzen Sie sich Ihrem Partner gegenüber. Tun Sie so, als ob der andere Ihr Spiegelbild sei. Verhalten Sie sich dabei so, wie Sie sich auch sonst benehmen, wenn Sie in den Spiegel sehen. Kämmen Sie Ihr Haar, putzen Sie sich die Zähne, drücken Sie einen Pickel aus, usw. Ihr Partner muß dabei ganz genau Ihre Bewegungen imitieren.

Wechseln Sie sich dabei ab. Imitieren Sie auch des anderen Gangart, seine Körperhaltung, usw. Nach kurzer Zeit werden Sie feststellen, wie Sie immer mehr in Versuchung kommen zu lachen, weil jeder den anderen auf seine ganz speziellen Eigenheiten aufmerksam macht. Indem Sie Ihre eigenen Bewegungen in dem lebendigen Spiegel des Partners wahrnehmen, schaffen Sie eine emotionale Verbindung, die durch das gemeinsame Lachen noch verstärkt wird.

Das Reflexlachen

Entspannen Sie sich gemeinsam mit Ihrem Partner. Nutzen Sie dazu die Entspannungsübungen, die wir im vorherigen Kapitel vorgestellt haben. Wenn Sie beide das Gefühl haben, daß Sie richtig entspannt sind, legen Sie sich so auf den Boden, daß sich Ihre Fußsohlen berühren. Pressen Sie die Fußsohlen beider Füße fest gegeneinander. Versuchen Sie nun beide, völlig im Boden zu versinken. Fühlen Sie, wie Ihre Körper schwerer werden. Spüren Sie, wie Wärme und Energie durch die Fußsohlen Ihres Partners zu Ihnen fließen.

Fangen Sie an zu lachen. Lachen Sie herzlich und ohne Scham. Spüren Sie nach, wie Ihr Lachen immer intensiver wird und wie es Ihren Partner ansteckt. Lachen Sie gemeinsam mit Ihrem Partner so lange wie möglich. Lassen Sie das Lachen dann langsam ausklingen.

Die Humorstunde

Richten Sie für sich und Ihren Partner abends eine feste Zeit ein, in der Sie sich gegenseitig die komischen Begebenheiten erzählen, die während des Tages passiert sind. Nehmen Sie sich die Zeit, gemeinsam den Tag Revue passieren zu lassen und eine angenehme Atmosphäre zu schaffen. Sie können damit die Anspannungen des Tages abbauen und zusammen zu einem entspannten und gelösten Feierabend finden, ohne den Streß an dem anderen auszulassen.

Gemeinsam spielen

Lassen Sie eine gute alte Tradition wieder aufleben und spielen Sie mit Ihrem Partner in ihrer Freizeit Gesellschaftsspiele. Spielen ist eine wunderbare Form der Kommunikation, es fördert die Entspannung und bietet viele Möglichkeiten für humorvolle Äußerungen. Wenn Sie mit Ihrem Partner spielen, treten Sie viel mehr miteinander in Kontakt, als wenn Sie den Abend zusammen vor dem Fernseher verbringen.

Gemeinsam etwas Lustiges unternehmen

Planen Sie einmal die Woche in Ihr Abendprogramm den Besuch einer lustigen Veranstaltung ein. Gehen Sie zusammen in einen lustigen Film oder gönnen Sie sich ein Kabarettbesuch. Komische Ereignisse gemeinsam zu erleben verbindet und stärkt Ihren humorvollen Kontakt untereinander.

Humor im sexuellen Bereich

Falls Sie Probleme in Ihrer Beziehung im sexuellen Bereich haben, versuchen Sie mehr Humor in Ihrem Schlafzimmer zuzulassen. Kein

Thema ist in einer Partnerschaft mit mehr Ernst belastet als dieses. Lösen Sie das auf. Machen Sie mit Ihrem Partner eine Kissenschlacht im Bett, kitzeln Sie sich, raufen Sie miteinander, bis Sie außer Atem sind. Blödeln Sie so lange, bis Sie sich mit Gekicher und Gelächter fast verausgabt haben. Dadurch entspannt sich die konfliktbeladene Situation, und Sie kommen einander wieder unbefangener näher.

Humor und Sex schließen sich nicht aus.

Sie werden sehen, daß Sie von dieser humorvollen Ebene mühelos in eine andere, sexuelle Ebene hineingleiten können. Bleiben Sie auch beim Sex offen für Humor!

Sie werden bald feststellen, wie positiv sich die Dynamik zwischen Ihnen und Ihrem Partner verändert, wenn Sie in Ihrer Beziehung mehr Raum für Humor schaffen. Durch mehr Humor gelingt es Ihnen besser, sich selbst etwas zurückzunehmen, um sich mehr den Bedürfnissen des Partners zuzuwenden. Indem Sie humorvoll auf Ihren Partner zugehen, schaffen Sie eine ausgeglichene Atmosphäre. Deshalb ist es so wichtig, daß Sie auf Humor in Ihrer Beziehung achten! Bauen Sie diese Übungen fest in Ihren Beziehungsalltag ein. Wenn Ihr Partner sich anfänglich sträuben sollte, an den Übungen teilzunehmen, lassen Sie nicht locker. Zeigen Sie ihm/ihr, wie sich Ihre Einstellung durch Humor zum Positiven geändert hat. Ihr Partner wird über kurz oder lang einsehen, welche positiven Auswirkungen die Steigerung der Humorfähigkeit für Ihre Beziehung hat.

/ Humortraining für den Berufsalltag

Ihr Berufsleben ist ein weiterer wichtiger Bereich, in dem Sie unbedingt auf die Entwicklung Ihrer Humorfähigkeit achten sollten. Deshalb möchte ich Ihnen auch zu diesem Thema einige Übungen vorstellen, die Sie in Ihrem beruflichen Alltag praktizieren können.

Humor im Beruf ist kein Problem.

Humorerlebnisse austauschen
Regen Sie Ihre Kollegen und Kolleginnen an, mit Ihnen humorige Erlebnisberichte auszutauschen. Machen Sie dabei den Anfang und be-

richten Sie von einer lustigen Begebenheit, die Ihnen vor kurzem passiert ist. Fordern Sie die anderen auf, doch auch etwas zum Besten zu geben. Zeigen Sie Ihren Arbeitskollegen, daß Sie sich selbst nicht so ernst nehmen und daß Sie durchaus über sich selbst lachen können. Damit nehmen Sie den anderen die Befangenheit. Sie lockern die Atmosphäre zwischen Ihren Arbeitskollegen auf und schaffen durch das gemeinsame Erzählen die Basis für ein Gemeinschafts- und Zusammengehörigkeitsgefühl.

Humor im Arbeitsbereich

Peppen Sie Ihren Arbeitsplatz mit humorigen und lustigen Utensilien auf. Hängen Sie z. B. Karikaturen und komische Fotos auf. De-

korieren Sie Ihren Schreibtisch mit kleinen lustigen Accessoires und schaffen Sie sich eine lustige Tasse für Ihre Kaffeepause an. Sie signalisieren Ihren Kollegen damit, daß Sie für einen Spaß zu haben sind und die Arbeit nicht ernster nehmen als nötig.

Auflockern der Arbeitsatmosphäre

Versuchen Sie, im Laufe Ihres Arbeitstages die Atmosphäre durch humorige Äußerungen und Witze zu entspannen. Überlegen Sie sich zum Beispiel Spitznamen für Ihre Vorgesetzten, machen Sie ironische Bemerkungen über die Langsamkeit des Postzustellers u. ä.

Achten Sie aber darauf, daß humorvolle Äußerungen in dem Moment auch wirklich angebracht sind, und spielen Sie nicht ununterbrochen den Pausenclown! Außerdem sollten Sie darauf achten, daß Sie mit Ihren humorigen Äußerungen niemanden verletzen. Ihr Fingerspitzengefühl ist also ebenfalls gefragt.

Humorige Veranstaltungen

Suchen Sie sich ein paar gleichgesinnte Kollegen und bilden Sie eine Art Theatergruppe, die immer dann Vorstellungen gibt, wenn irgendwelche feierlichen Anlässe im Büro anstehen. Entwickeln Sie komische Sketche, die direkt auf den jeweiligen Anlaß zugeschnitten sind. Sie werden sehen, wieviel Spaß das machen kann, und Ihre Kollegen, die in den Genuß Ihrer Darbietungen kommen, werden Ihre Humorfähigkeit zu schätzen wissen.

/ Fazit

Die Quintessenz dieses Übungsprogrammes ist, daß Sie lernen, sich selbst und Ihre Probleme nicht mehr so ernst zu nehmen und dem Humor einen festen Platz in Ihrem Alltagsleben einräumen.

Sie müssen aufhören, sich selbst durch negative Gedanken und Schuldgefühle zu quälen. Wenn Sie Ihr Selbstbild durch Humor ändern wollen, müssen Sie zuallererst einen Weg finden, der aus den Zwängen eines »Man-muß-Denkens« hinausführt.

Öffnen Sie das Tor zur Welt des komischen Optimismus. Denn die relativierende Kraft des Humors kann den Ernst des Lebens vergessen machen – oder doch zumindest auf ein Maß reduzieren, das er verdient. Ängste aus der Vergangenheit oder Zukunftsängste rücken damit in weite Ferne und werden bedeutungslos. Es zählt nur die Gegenwart, das hier und jetzt Erlebte.

Relativierender Humor ist somit eine der wichtigsten Waffen im Kampf um die Selbsterhaltung Ihrer Seele. Denn wer lacht, freut sich am Leben. Depressionen und andere selbstzerstörerische Mechanismen haben keinen Platz mehr in Ihrem Leben. Wer lacht, sagt »ja« zu seinem Leben, ganz gleich, welche Schwierigkeiten das Schicksal für ihn bereitstellt.

Über Ereignisse, über andere Menschen und über sich selbst lachen zu können erfordert wahre Menschlichkeit. Wenn Sie Sinn für Humor haben wollen, müssen Sie sich Ihres Mensch-Seins bewußt werden und aufhören, sich als »besser« oder »schlechter« zu empfinden. Wenn Sie das begriffen haben, eröffnet sich Ihnen eine ganz neue Welt. Sie werden merken, daß Sie ein Lächeln zurückerhalten, wenn Sie lächelnd auf Ihre Mitmenschen zugehen!

/ DRITTER TEIL

Abschließende Betrachtungen

Zusammenfassung

Sie haben es geschafft! Sie sind am Ende dieses Buches angelangt. Haben Sie alles verstanden, oder sind noch Fragen offen?

Zur Sicherheit wollen wir noch einmal kurz rekapitulieren, was Sie bis jetzt erarbeitet haben.

Überprüfen Sie Ihre Humorfähigkeit im Alltagsleben!

Unser erster Schritt war zu überprüfen, wie es um Ihre Humorfähigkeit im Alltagsleben bestellt ist. Wie ist Ihre Lebenseinstellung? Wie gehen Sie mit anfallenden Problemen um? Das sind die Fragen, die Sie sich stellen müssen, bevor Sie daran gehen, sich näher mit Ihrer Humorfähigkeit zu beschäftigen.

Erkennen Sie Ihre Schwächen und negativen Mechanismen, die Sie im Alltag behindern!

Als nächstes muß Ihnen klar werden, daß Sie sich selbst oft in Ihrer Entwicklung bremsen, weil Sie unnötigen Ballast aus Ihrer Vergangenheit mit sich herumtragen. Dabei handelt es sich vor allem um folgende Punkte:

- fixe Ideen
- unterdrückte Seelenbereiche
- Opfermentalität

Außerdem gibt es noch andere Faktoren, die entscheidend zu einer Behinderung in Ihrem Alltagsablauf beitragen. Das sind:

- falsche Kommunikation
- unangemessenes Streßverhalten

Überwinden Sie diese negativen Verhaltensweisen!

Nachdem Sie erkannt haben, welche Faktoren zu Ihrer Unzufriedenheit in Ihrem Alltagsleben beitragen, gehen Sie daran, diese aufzulösen, indem Sie:

- Ihre Selbstaufmerksamkeit erhöhen
- sich in Erinnerung rufen, welche Hilfe Ihnen der Humor dabei leisten kann
- richtige Kommunikation trainieren
- Ihr Streßverhalten ändern

Werden Sie sich der Aufgaben bewußt, die Humor leisten kann!

Bevor Sie daran gehen, Ihre Humorfähigkeit auszubilden, machen Sie sich noch einmal deutlich, womit Humor Ihnen in Ihrem Alltagsleben behilflich sein kann. Die drei wichtigsten Punkte sind:

- Humor hilft Ihnen dabei, Abstand zu gewinnen.
- Durch Humor können Sie einen Zustand der Entspannung erreichen.
- Durch Humor stellen Sie Kontakt zu anderen Menschen her.

Trainieren Sie Ihre Humorfähigkeit!

Beginnen Sie nun, an Ihrer Fähigkeit, humorvoll zu reagieren, zu arbeiten. Sie können dies tun durch:

- Praktische Übungen
- Steigerung Ihrer Vorstellungskraft
- Entspannungsübungen

Wie fühlen Sie sich jetzt, nachdem Sie so weit gekommen sind? Haben Sie das Gefühl, daß sich Ihre Einstellung in irgendeiner Weise verändert hat? Sie können dies in dem nächsten Kapitel überprüfen.

Selbstkontrolle

Sie sind den langen Weg durch alle Stationen dieses Buches gegangen, um zu erfahren, wie Sie Ihr Leben durch Humor besser in den Griff bekommen können. Manche Ausführungen waren vielleicht nicht immer leicht zu verstehen oder nachzuvollziehen, deshalb möchte ich Ihnen an dieser Stelle die Möglichkeit geben, zu überprüfen, inwiefern Sie das Prinzip Humor als Lebenshilfe verstanden haben. Diesem Zweck dient der folgende Test. Falls Sie der Meinung sind, daß es für Sie noch zu früh ist, Ihre Humorfähigkeit zu überprüfen, können Sie den Test auch zu einem späteren Zeitpunkt machen.

/ Hat sich Ihre Humorfähigkeit bereits verändert?

Lesen Sie sich die folgenden Situationen bitte aufmerksam durch und antworten Sie möglichst spontan. Denken Sie bitte daran, daß es nicht darum geht, bei diesem Test besonders gut abzuschneiden. Sie sollen nur feststellen, ob Sie Ihre Anstrengungen, Ihre Humorfähigkeit zu steigern, vielleicht noch verstärken müssen.

1. **Sie wollen sich morgens einen Milchkaffee kochen. Dabei vergessen Sie die Milch auf dem Herd, sie kocht über und ergießt sich über alle Herdplatten. Wie reagieren Sie?**
   - ☐ a) Ich werde ärgerlich.
   - ☐ b) Ich nehme es mit Humor.
   - ☐ c) Ich bin unsicher, wie ich reagieren würde.

2. **Sie bleiben beim Verlassen der Wohnung mit Ihrem Jackenärmel an einer Türklinke hängen. Wie reagieren Sie?**
   - ☐ a) Ich werde ärgerlich.
   - ☐ b) Ich nehme es mit Humor.
   - ☐ c) Ich bin unsicher, wie ich reagieren würde.

3. **Sie merken, daß Sie etwas Wichtiges zu Hause vergessen haben. Wie reagieren Sie?**

☐ a) Ich werde ärgerlich.

☐ b) Ich nehme es mit Humor.

☐ c) Ich bin unsicher, wie ich reagieren würde.

4. **Sie werden im Bus von jemandem angerempelt und noch dazu sehr unfreundlich angesprochen. Wie reagieren Sie?**

☐ a) Ich werde ärgerlich.

☐ b) Ich nehme es mit Humor.

☐ c) Ich bin unsicher, wie ich reagieren würde.

5. **Ihr Schlüssel rutscht Ihnen aus der Hand und fällt in den Rinnstein. Wie reagieren Sie?**

☐ a) Ich werde ärgerlich.

☐ b) Ich nehme es mit Humor.

☐ c) Ich bin unsicher, wie ich reagieren würde.

6. **Ein Kunde ruft Sie an und beschimpft Sie ungerechterweise, ohne Sie zu Wort kommen zu lassen. Wie reagieren Sie?**

☐ a) Ich werde ärgerlich.

☐ b) Ich nehme es mit Humor.

☐ c) Ich bin unsicher, wie ich reagieren würde.

7. **Die Kaffeemaschine im Büro ist kaputt. Wie reagieren Sie?**

☐ a) Ich werde ärgerlich.

☐ b) Ich nehme es mit Humor.

☐ c) Ich bin unsicher, wie ich reagieren würde.

8. **Die Kindergärtnerin giftet Sie an, weil Sie Ihr Kind eine Minute zu spät gebracht haben. Wie reagieren Sie?**

☐ a) Ich werde ärgerlich.

☐ b) Ich nehme es mit Humor.

☐ c) Ich bin unsicher, wie ich reagieren würde.

9. Sie stehen schon einige Zeit an der Kasse im Supermarkt in der Schlange. Als Sie endlich drankommen, fällt die Computerkasse aus. Wie reagieren Sie?
- ☐ a) Ich werde ärgerlich.
- ☐ b) Ich nehme es mit Humor.
- ☐ c) Ich bin unsicher, wie ich reagieren würde.

10. Sie haben für abends ein Grillfest geplant, aber es regnet. Wie reagieren Sie?
- ☐ a) Ich werde ärgerlich.
- ☐ b) Ich nehme es mit Humor.
- ☐ c) Ich bin unsicher, wie ich reagieren würde.

11. Sie werden im Restaurant ausgesprochen unfreundlich bedient. Wie reagieren Sie?
- ☐ a) Ich werde ärgerlich.
- ☐ b) Ich nehme es mit Humor.
- ☐ c) Ich bin unsicher, wie ich reagieren würde.

12. Sie haben ein für Sie wichtiges Arzneimittel in der Apotheke bestellt. Als Sie es abholen wollen, erfahren Sie, daß die Bestellung vergessen worden ist. Wie reagieren Sie?
- ☐ a) Ich werde ärgerlich.
- ☐ b) Ich nehme es mit Humor.
- ☐ c) Ich bin unsicher, wie ich reagieren würde.

13. Sie freuen sich schon seit Wochen auf ein großes Fest, da bekommen Sie kurz vorher die Grippe. Wie reagieren Sie?
- ☐ a) Ich werde ärgerlich.
- ☐ b) Ich nehme es mit Humor.
- ☐ c) Ich bin unsicher, wie ich reagieren würde.

14. Als Sie die Haustür hinter sich zuziehen, fällt Ihnen auf, daß Sie den Schlüssel in der Wohnung gelassen haben. Wie reagieren Sie?
- ☐ a) Ich werde ärgerlich.
- ☐ b) Ich nehme es mit Humor.
- ☐ c) Ich bin unsicher, wie ich reagieren würde.

15. Sie fahren zu einem Termin und stehen plötzlich ohne ersichtlichen Grund auf der Stadtautobahn im Stau. Wie reagieren Sie?
- ☐ a) Ich werde ärgerlich.
- ☐ b) Ich nehme es mit Humor.
- ☐ c) Ich bin unsicher, wie ich reagieren würde.

16. Sie fahren zum Shopping in die Stadt. Als Sie endlich ein paar passende Schuhe gefunden haben, stellen Sie fest, das Sie Ihr Geld vergessen haben. Wie reagieren Sie?
- ☐ a) Ich werde ärgerlich.
- ☐ b) Ich nehme es mit Humor.
- ☐ c) Ich bin unsicher, wie ich reagieren würde.

17. Sie gehen zu einer Einladung, stellen jedoch fest, daß Sie sich im Datum geirrt haben. Wie reagieren Sie?
- ☐ a) Ich werde ärgerlich.
- ☐ b) Ich nehme es mit Humor.
- ☐ c) Ich bin unsicher, wie ich reagieren würde.

18. Sie bekommen die Mahnung für eine Rechnung, zu der Sie aber noch immer nicht die Ware erhalten haben. Wie reagieren Sie?
- ☐ a) Ich werde ärgerlich.
- ☐ b) Ich nehme es mit Humor.
- ☐ c) Ich bin unsicher, wie ich reagieren würde.

19. Sie wollen gerade aus dem Haus gehen, da erbricht sich Ihr Hund auf den neuen Teppich. Wie reagieren Sie?

☐ a) Ich werde ärgerlich.

☐ b) Ich nehme es mit Humor.

☐ c) Ich bin unsicher, wie ich reagieren würde.

20. Sie haben eine ganze Maschine voll Wäsche hellblau verfärbt. Wie reagieren Sie?

☐ a) Ich werde ärgerlich.

☐ b) Ich nehme es mit Humor.

☐ c) Ich bin unsicher, wie ich reagieren würde.

Testauswertung

Überprüfen Sie jetzt, welche Antwort Sie am häufigsten angekreuzt haben: a), b) oder c).

Überwiegend Antwort a)

Wenn Sie spontan zu Antworten der Kategorie a) tendieren, haben Sie noch nicht ganz verstanden, welche Hilfe der Humor Ihnen in Ihrem Alltagsleben bieten kann. Anstatt sich immer nur zu ärgern, können Sie mit Humor Abstand von unangenehmen oder ärgerlichen Situationen gewinnen. Sie reduzieren dadurch den Streßfaktor und senken Ihren Adrenalinspiegel. Das Leben ist schon kompliziert genug, machen Sie es sich nicht noch schwerer, indem Sie alles zu verbissen und humorlos sehen! Üben Sie weiter, und machen Sie den Test zu einem späteren Zeitpunkt noch einmal!

Überwiegend Antwort b)

Haben Sie auch wirklich nicht gemogelt? Wenn nicht, kann ich Ihnen gratulieren: Sie haben das Prinzip der Alltagsbewältigung durch Humor verstanden und umgesetzt. Es ist Ihnen gelungen, die relativierende Kraft des Humors zu erkennen und für sich zu nutzen. Machen Sie weiter so, und vergessen Sie nicht, auch weiterhin zu üben!

Überwiegend Antwort c)

Verzagen Sie nicht, Sie sind auf dem richtigen Weg! Auch wenn es für Sie so aussieht, als hätten Sie völlig die Orientierung verloren, lassen Sie sich dadurch nicht irritieren. Sie sind zwar jetzt etwas verunsichert, aber das ist ein gutes Zeichen. Es bedeutet, daß Sie begonnen haben, Ihre alten, starren Handlungsmuster, denen Sie bis jetzt vertraut haben, aufzulösen.

Sie sind unsicher, weil Sie jetzt nicht mehr genau wissen, wem und was Sie glauben sollen. Das ist gut so, denn Sie müssen lernen, sich selbst nicht mehr so sehr zu trauen. Fixe Ideen werden es von nun an schwer haben, sich in Ihrem Kopf festzusetzen. Begreifen Sie Ihre Unsicherheit als eine Chance, Ihre Lebenseinstellung neu zu konzipieren! Setzen Sie Ihr Humortraining fort, und wiederholen Sie den Test zu einem späteren Zeitpunkt. Sie werden sehen, daß es Ihnen dann schon leichter fallen wird, mit einer humorvollen Grundeinstellung zu reagieren!

/ Hat sich Ihre Einstellung absurden Situationen gegenüber verändert?

Ich wünsche mir, daß Sie das Gefühl bekommen, daß Ihnen die Arbeit mit diesem Buch wirklich etwas gebracht hat. Deshalb ist es mir auch so wichtig, mit Ihnen Ihre Ergebnisse zu überprüfen. Wir wollen noch einen kurzen Test machen, bei dem Sie festellen können, ob sich Ihre Einstellung zum Absurden schon geändert hat.

Überlegen Sie, ob Sie in den folgenden Situationen das komische Element entdecken. Antworten Sie gemäß Ihrem Gefühl. Denken Sie nicht darüber nach, was »falsch« oder »richtig« sein könnte!

1. **Sie nehmen an einem Vortrag über »Energieversorgung in der heutigen Zeit« teil, als plötzlich das Licht ausgeht.**
   - ☐ a) Finde ich komisch.
   - ☐ b) Kann ich nicht drüber lachen.
   - ☐ c) Weiß nicht.

2. Der Gartenschlauch Ihres Nachbarn gerät
außer Kontrolle und spritzt wild um
sich. Bei dem Versuch, ihn
zu bändigen, werden
Sie beide patschnaß.

- ☐ a) Finde ich komisch.
- ☐ b) Kann ich nicht
  drüber lachen.
- ☐ c) Weiß nicht.

3. Sie werden von einer Roller-Skate-Fahrerin beinahe umge-
fahren, die in professioneller Ausrüstung und modischem
Out-fit äußerst wackelig den Bürgersteig entlang schlingert.

- ☐ a) Finde ich komisch.
- ☐ b) Kann ich nicht drüber lachen.
- ☐ c) Weiß nicht.

4. Sie stehen im strömenden Regen an einer nicht überdach-
ten Bushaltestelle. Als der Bus kommt, fährt er so schnell
und dicht an den Bordstein, daß er Sie und die anderen
Fahrgäste noch zusätzlich durchnäßt.

- ☐ a) Finde ich komisch.
- ☐ b) Kann ich nicht drüber lachen.
- ☐ c) Weiß nicht.

5. Ihr zweijähriger Sohn besteht darauf, ohne Windel zu
laufen. Nach kurzer Zeit bildet sich natürlich ein kleiner See
zu seinen Füßen. Da protestiert er energisch: »Ich wollte
das gar nicht!«

- ☐ a) Finde ich komisch.
- ☐ b) Kann ich nicht drüber lachen.
- ☐ c) Weiß nicht.

6. Sie schicken Ihren Partner zum Gemüseeinkaufen. Er/sie bringt Ihnen statt vier Stück Kohlrabi vier Radi mit.
☐ a) Finde ich komisch.
☐ b) Kann ich nicht drüber lachen.
☐ c) Weiß nicht.

7. Neben Ihnen in der Apotheke verlangt ein pickliger Jüngling mit knallroten Ohren lässig nuschelnd eine Großpackung Kondome.
☐ a) Finde ich komisch.
☐ b) Kann ich nicht drüber lachen.
☐ c) Weiß nicht.

8. Sie treffen Ihre fanatisch gesundheitsbewußte und biologische Ernährung predigende Kollegin bei McDonald's.
☐ a) Finde ich komisch.
☐ b) Kann ich nicht darüber lachen.
☐ c) Weiß nicht.

9. Bei der Trauung eines befreundeten Paares bekommt dessen kleiner Sohn plötzlich einen Wutanfall und schreit laut: »Nein, nein, ich will nicht!«
☐ a) Finde ich komisch.
☐ b) Kann ich nicht drüber lachen.
☐ c) Weiß nicht.

10. Sie haben sich für ein Geschäftsessen ordentlich herausgeputzt, stellen aber zu spät fest, daß Sie zwei unterschiedliche Socken anhaben.
☐ a) Finde ich komisch.
☐ b) Kann ich nicht drüber lachen.
☐ c) Weiß nicht.

Testauswertung

Überprüfen Sie, wie oft Sie Antwort a), b) oder c) angekreuzt haben.

Überwiegend Antwort a)

Ist das auch wirklich Ihre ehrliche Meinung? Wenn ja, dann gelingt es Ihnen schon ganz gut, absurde Situationen zu erkennen. Sie haben Ihre Sinne für Humorquellen geschärft. Dadurch sind Sie in der Lage zu relativieren und im Alltag viele Dinge eher auf die leichte Schulter zu nehmen.

Überwiegend Antwort b)

Leider wird deutlich, daß Sie dem Humor immer noch nicht die Bedeutung beimessen, die er verdient. Sie tun sich schwer damit, absurde Situationen zu entdecken. Das zeigt, daß Sie sich selbst noch nicht mit genügend Abstand sehen.

Situationen, in denen Sie selbst betroffen sind, regen Sie selten bis nie zum Lachen an, weil Sie sich viel zu sehr davon betroffen fühlen. Einzig bei andere Menschen gelingt es Ihnen manchmal, die Komik der Situation zu erkennen. Trainieren Sie Ihre Humorfähigkeit unbedingt noch weiter. Es ist wichtig, daß Sie absurdes Verhalten erkennen, bevor Sie daran verzweifeln.

Überwiegend Antwort c)

Sie sind verunsichert, und das ist gut so. Sie wissen vielleicht im Moment nicht, wie Sie manche Situationen einschätzen sollen, doch das ist besser, als wenn Sie felsenfest davon überzeugt wären, daß es an diesen Situationen nichts zu lachen gibt. Trainieren Sie Ihre Humorfähigkeit und steigern Sie damit auch Ihr Selbstbewußtsein. Zur Kontrolle können Sie in einiger Zeit diesen Test wiederholen.

Sie konnten jetzt feststellen, ob sich an Ihrer Einstellung zum Thema Humor im Alltagsleben bereits etwas geändert hat. So eine Selbstkontrolle ist wichtig, damit Sie einschätzen können, wo Sie stehen mit

Ihren Bemühungen. Bitten Sie auch Ihren Partner oder gute Freunde, Ihnen ein Feedback zu geben, ob Ihre Anstrengungen Früchte tragen.

Natürlich wird es eine Weile dauern, bis sich durch Ihre gesteigerte Humorfähigkeit in Ihrem Leben durchgreifend etwas ändert. Aber achten Sie auch auf die kleinen Schritte! Beobachten Sie, wie Ihre Mitmenschen anders auf Sie zugehen, stellen Sie fest, inwieweit sich Ihr Arbeitsklima verändert. Seien Sie aufmerksam, und lassen Sie nicht nach in Ihren Bemühungen, dann werden Sie bald eine positive Veränderung in Ihrem Leben spüren. Wichtig ist, daß Sie nicht aus Angst oder Bequemlichkeit in Ihre alten Verhaltensmuster zurückfallen.

Befreien Sie sich von Ihren »Antreibern«, Ihren Maximen, die sie dazu verleiten, nur in einem bestimmten Rahmen zu handeln. Antreiber können z. B. folgende Leitsätze sein:

Befreien Sie sich von Ihren »Antreibern«!

- Ich muß perfekt sein.
- Ich muß stark sein.
- Ich muß mich anstrengen.
- Ich muß es allen recht machen.
- Ich muß mich beeilen.

Unter diesen Voraussetzungen wird es Ihnen nicht gelingen, das Humorkonzept umzusetzen. Sie müssen sich aus dem Griff der sogenannten »Antreiber« befreien und umdenken:

- Fehler und Mißerfolge gehören zum Lernen dazu.
- Meine Schwächen sind sympathisch.
- Bleib locker, dann geht es besser.
- Ich bin gut zu mir.
- Ich nehme mir Zeit.

So hört sich das schon ganz anders an! Mit diesen positiven Leitsätzen im Hinterkopf dürfte es Ihnen ein leichtes sein, Ihre Humorfähigkeit zu steigern und das zu erreichen, was Sie erreichen wollen: Mehr Zufriedenheit im alltäglichen Leben!

Humor in der Kindererziehung

In unseren Kindern spiegeln sich unser Verhalten und unsere Stimmungen.

Eine Freundin erzählte mir: »Weißt Du, das mit dem Humor ist ja gut und schön, aber an manchen Tagen, wenn die Kinder sich mal wieder partout nicht anziehen lassen wollen, wenn die Milch überkocht, und ich vor lauter schmutziger Wäsche nicht mehr weiß, wo mir der Kopf steht, dann vergeht mir einfach das Lachen!«

Das ist nur allzu verständlich. Jeder von uns erlebt solche Tage, an denen einfach alles schiefzugehen scheint. Und Kinder sind – so schön es ist, sie zu haben – ein gewaltiger Streßfaktor. Aber gerade da kann Humor hilfreich sein. Sie erinnern sich, daß wir, wenn wir humorvoll auf andere Menschen zugehen, ein ganz anderes Feedback bekommen. Das ist bei Kindern nicht anders. Kinder reagieren sogar besonders empfindlich auf unsere Stimmungsschwankungen.

Wie läßt sich Streß mit Kindern vermeiden? Humor kann auch hier wieder eine Lösung bieten. Überlegen Sie, wie viele Situationen es im Zusammenleben mit Ihren Kindern gibt, die sich ganz einfach entspannen ließen, wenn Sie anstatt zu schimpfen die komische Seite daran entdecken würden.

Betrachten Sie die folgenden Situationen unter diesem Aspekt und überlegen Sie, wie Sie reagieren würden.

1. **Ihre Kinder weigern sich, vom Spielplatz nach Hause zu gehen. Wie reagieren Sie?**
   - ☐ a) Sie packen sie heftig am Arm und ziehen sie mit sich.
   - ☐ b) Sie spielen noch einmal Fangen mit Ihnen und rennen dabei ausgelassen aus dem Spielplatzbereich heraus.

2. **Ihr zweijähriger Sohn will sich nicht wickeln lassen, obwohl er die Hosen voll hat. Wie reagieren Sie?**
   - ☐ a) Sie halten ihn fest und entfernen die Windel gewaltsam.
   - ☐ b) Sie machen ein Spiel daraus und bringen ihn durch Kitzeln dazu, sich richtig hinzulegen.

3. Ihr dreijähriger Sohn wirft sich im Supermarkt schreiend zu
   Boden, weil er ein Überraschungsei möchte, das Sie ihm
   aber nicht kaufen wollen. Wie reagieren Sie?
   - ☐ a) Sie werden wütend und schreien Ihren Sohn an.
   - ☐ b) Sie bleiben ruhig und amüsieren sich über die Blicke der
     umstehenden Kunden.

4. Beide Kinder wollen das Abendessen,
   Kartoffeln mit Gemüse, nicht essen. Wie
   reagieren Sie?
   - ☐ a) Sie drohen ihnen an, daß es keinen Nach-
     tisch gibt, wenn sie nicht aufessen.
   - ☐ b) Sie versuchen, ihnen das Essen spie-
     lerisch schmackhaft zu machen.

5. Während Sie im Keller sind, verschütten Ihre Kinder den
   ganzen Zucker in der Küche, um Schnee zu spielen. Wie
   reagieren Sie?
   - ☐ a) Sie beseitigen schimpfend die Sauerei.
   - ☐ b) Sie müssen über diese Idee lachen, stellen aber klar, warum
     so etwas nicht noch einmal passieren darf.

6. Sie gehen mit Ihren Kindern ins Schwimmbad und werden
   dabei von ihnen mit den Wasserpistolen völlig naßgespritzt.
   Wie reagieren Sie?
   - ☐ a) Sie befehlen ihnen wütend, damit aufzuhören.
   - ☐ b) Sie holen einen Eimer Wasser aus dem Planschbecken und
     machen eine Riesenwasserschlacht.

7. Ihre Tochter weigert sich, Ihnen beim Überqueren der
   Straße die Hand zu geben. Wie reagieren Sie?
   - ☐ a) Sie nehmen sie an der Hand und zerren sie über die Straße.
   - ☐ b) Sie erzählen ihr eine lustige Geschichte über die fünf Finger
     an Ihrer Hand.

8. **Ihre Kinder wollen mal wieder nicht ins Bett gehen und finden immer neue Ausreden, warum sie nicht schlafen können. Wie reagieren Sie?**
☐ a) Ihnen reißt der Geduldsfaden, und Sie lassen ein Donnerwetter vom Stapel.
☐ b) Sie erzählen ihnen eine lustige Geschichte vom Kind, daß nicht schlafen wollte.

9. **Ihre Tochter kann sich nicht entscheiden, was Sie anziehen möchte, es ist aber schon spät, und Sie haben es eilig. Wie reagieren Sie?**
☐ a) Sie drängen sie ungeduldig dazu, das anzuziehen, was Sie ihr rausgesucht haben.
☐ b) Sie albern mit den Kleidungsstücken herum und schaffen es, Ihre Tochter anzuziehen, ohne daß sie richtig merkt, was Sie gemacht haben.

10. **Sie haben sich zum Ausgehen hergerichtet, da verlangen ihre Kinder noch einen feuchten Gutenachtkuß und verschmieren Ihr Make-up. Wie reagieren Sie?**
☐ a) Sie begeben sich ärgerlich von neuem ins Bad.
☐ b) Sie müssen sich sowieso neu schminken, also veranstalten Sie mit Ihren Kindern eine Schmuseorgie.

Testauswertung

Überprüfen Sie, wie oft Sie Antwort a), b) oder c) angekreuzt haben.

Überwiegend Antwort a)
Nach allem, was im vorangegangenen Absatz besprochen wurde, müßte Ihnen eigentlich klar sein, daß es Ihnen nicht gelingt, den Kin-

deralltag auf humorvolle Weise in den Griff zu bekommen. Das ist zwar wirklich nicht immer leicht, und es ist auch menschlich, wenn Ihnen der Kragen platzt. Sie würden es sich aber wesentlich leichter machen, wenn Sie die absurden und humorvollen Aspekte im kindlichen Alltag mehr beachten und in den Vordergrund rücken würden.

Überwiegend Antwort b)

Prima, wenn Sie im Alltag auch wirklich immer so reagieren, dürfte Ihnen der Alltag mit Ihren Kindern eigentlich nicht allzu stressig erscheinen. Sie können relativieren und haben die Gabe, das Absurde in vielen Situationen zu erkennen. Damit können Sie alles etwas leichter angehen und setzen Ihre Kinder weniger unter Druck. Aber mal ganz ehrlich: Das schaffen Sie doch nicht immer, oder?

Der Alltag mit Kindern ist nicht immer leicht zu bewältigen. Aber es zahlt sich aus, wenn Sie versuchen, die stressigen Situationen im Alltag mit Kindern mit Humor zu sehen. Auch wenn es nicht jedesmal gelingt, sollten Sie sich auf jeden Fall darin üben. Ich bin selbst Mutter von zwei Kindern und habe die Erfahrung gemacht, daß meine Kinder mir gegenüber viel weniger trotzig sind, wenn ich die Nerven behalte und ihnen mit Humor begegne.

Es kommt einfach darauf an, daß es Ihnen gelingt, den Situationen eine komische Seite abzugewinnen. Haben Sie nicht auch Ihren ganzen Freundeskreis schon einmal damit unterhalten, was Ihr Jüngster neulich wieder ausgeheckt hat? Warum dann nicht gleich mit Humor agieren, direkt in der Situation? Überlegen Sie einmal: Fallen Ihnen spontan drei Situationen mit Ihren Kindern ein, die eigentlich unheimlich komisch sind? Dann schreiben Sie sie hier auf:

1. ....

2. ....

3. ....

Es ist gar nicht so schwer, mit Kindern einen humorvollen Umgang zu pflegen, weil Kinder selbst einen natürlichen Sinn für Humor besitzen. Sie schütteln vielleicht den Kopf über Dinge, die Ihr Kind wahnsinnig komisch findet, aber sein Lachen steckt an, oder nicht? Das Schöne am Umgang mit Kindern ist unter anderem deren Humor. So werden wir auch wieder an eine reine, unverfälschte Form des Lachens herangeführt. Kinder sind schnell zum Lachen zu bringen und lassen sich leicht begeistern. Deshalb sollte es doch eigentlich nicht so schwer sein, im Umgang mit ihnen zu mehr Humor zu finden.

Mehr noch, von unseren Kindern können wir diesbezüglich noch einiges lernen. Nehmen wir Ihnen nicht von vornherein ihre Fröhlichkeit und ihren Humor, indem wir uns selbst und unsere Aufgabe als Eltern allzu ernst sehen! Lernen wir lieber etwas von unseren Kindern und versuchen wir, notwendige Verbote und Verhaltensmaßregeln auf eine spielerische, lustige Art zu vermitteln. Damit tun wir nicht nur unseren Kindern einen Gefallen, sondern auch uns selbst. Denn Kinder, die sich nicht wohl fühlen, zeigen dies deutlich – durch Quengeln, Trotz oder Verweigerung. Und das bedeutet Streß für uns als Eltern. Lassen Sie uns deshalb nach einer anderen Möglichkeit suchen, Kindern humorvoll im Alltagsleben zu begegnen!

Ich möchte Ihnen dazu ein paar Tips geben:

- Erhöhen Sie Ihre Selbstaufmerksamkeit, und erkennen Sie, wann Sie gestreßt und genervt sind.
- Versuchen Sie, Ihren Alltag mit Kind so zu organisieren, daß möglichst wenige Situationen entstehen, in denen Sie unter Druck geraten.
- Geben Sie sich und Ihrem Kind die nötige Zeit, um die jeweiligen Bedürfnisse zu klären.
- Versuchen Sie, sich mit mehr humorvoller Distanz zu betrachten, und nehmen Sie sich und Ihre Probleme nicht so wichtig.
- Meiden Sie den Ernst des Erwachsenenlebens und stellen Sie sich auf eine Stufe mit Ihrem Kind.

- Gehen Sie auf das Herumgealbere Ihres Kindes ein, und versuchen Sie, mitzumachen.
- Regen Sie Ihre Phantasie an, und lassen Sie sich humorvolle Spiele einfallen, mit denen Sie Ihrem Kind die erforderlichen Verhaltensregeln schmackhaft machen können.
- Lassen Sie sich von der Fröhlichkeit und dem Humor Ihres Kindes anstecken.

Lesen Sie sich diese Tips genau durch, und überlegen Sie, wie Sie diese in Ihrem Alltag umsetzen können. Das wird vielleicht nicht sofort gelingen, aber probieren Sie es, und geben Sie sich Zeit. Die Zukunft unserer Kinder ist zu wichtig, als daß wir nicht alles dafür tun sollten, daß sie einen einigermaßen leichten Start ins Erwachsenenleben haben.

Ein bißchen mehr von der Unbekümmertheit eines Kindes könnte uns selbst auch nicht schaden. Achten wir also wenigstens darauf, daß sich unsere Kinder diesen Frohsinn so lange wie möglich bewahren!

Ich hoffe, ich konnte Ihnen vermitteln, wie wichtig es ist, daß wir mehr Platz für Humor in unserem Leben schaffen. Allein dadurch unterscheidet sich der Mensch von den Tieren – durch das Lachen über sich selbst. Unser Leben ist zu kurz, um ewig Trübsinn zu blasen, fangen Sie endlich an, lachen Sie über sich selbst!

Sachregister

Empfehlenswerte Literatur

Höfner, Eleonore; Schachtner, Hans-Ulrich:
Das wäre doch gelacht!
Reinbek bei Hamburg 1995

Moody, Raymond A.:
Lachen und Heilen
Reinbek bei Hamburg 1979

Titze, Michael:
Die heilende Kraft des Lachens
München 1995